古典ことば選び辞典

三日月宗近の巻

『古典ことば選び辞典
三日月宗近の巻』
制作協力者
【装幀】
アップライン株式会社
【コラムイラスト】
かない
【編集協力】
倉本　有加
松尾　美穂
【組版】
株式会社　明昌堂
【企画編集】
田沢あかね
鈴木かおり

まえがき

「うちのたおやかな姫君の悲鳴が、こんなに汚いわけがない。いとやばし」
「平安の貴公子に『ビジュがいい』だと、令和のかほり。そうよ、私は雰囲気の破壊神」
「我が殿の涙を、もっと雅な美しい感じで描きたいのに（涙）（号泣）（語彙力）」
……等々、創る苦しみに悶える人の、悩みの種は尽きることがありません。これらのお悩みを解決するヒントになる「ことば選び辞典」シリーズの新作をご用意いたしました。

本書は、古典の雰囲気を巧みに表現したい物書きはもちろん、日本語の美しさを堪能したい全ての人のための辞典です。キーワードとして「恋」「涙」「美しい」などの語を掲げ、それぞれに古典の世界を描くのに役立つことばを見出し語として選んで収録しました。古典の世界に近づこうと思い焦がれ、夜もすがら物思いにふける創作者の皆さまにご覧いただきたい辞典です。

創作活動に少しでも役立つ辞典になれたのなら、全ての創作物を愛する一人の編集者として恐悦至極に存じます。願わくはみなさまの創作活動が、より幸多きものになりますように。

二〇二三年七月　学研辞典編集部

古典ことば選び キーワード一覧

気持ち

様子

動作

情景

人

感嘆

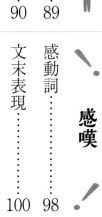

コラム

付録

凡例

【一】キーワード

・古典の世界を描いたり味わったりするのによく用い、かつ類語や言い換えの表現を豊富に持つことばをキーワードとして選び、収録した。

・キーワード見出しは、用いられ方によって気持ち、様子、動作、情景、人、感嘆の六つのグループに分類した。各グループ内の配列は、五十音順とした。

・検索の便を図るため、冒頭にキーワード一覧を設けた。

【二】見出し語

・各キーワード内の類語、言い換え語を見出し語とし【　】の中に示した。

・【　】の中の漢字表記には、横に振り仮名を付した。振り仮名は歴史的仮名遣いで付した。

・なお、表記や送り仮名は、本書で示すものだけに限定されない。ただし、別の表記や送り仮名は示さない。

・【　】の直後には、見出し語の簡潔な語釈を記した。

・見出し語の用例は★を付して示した。

・用例の端的な現代語訳は、用例に続き（）に入れて記載した。

・用例の出典は、末尾の〔〕に入れて示した。

【三】コラム

・古典の世界を描いたり味わったりする際に知っておきたい事柄に関して、端的に説明するコラムを設けた。

【四】付録

・付録として、「枕詞一覧」「十二か月の異名」「常用漢字・新字→旧字変換一覧表」「主な歴史的仮名遣いと読み方一覧」「出典一覧」の記事を掲載した。

・「枕詞一覧」では、和歌の修辞で用いられる枕詞と、その枕詞が導く主な語を一覧にした。和歌の創作や、物語のタイトル選びの参考にされたし。

・「十二か月の異名」では、現代でも用いられる一月から十二月の月の呼び名の言い換え語を掲載した。

・「常用漢字・新字→旧字変換一覧表」では、「常用漢字表」に掲載されている漢字で、旧字体が示されるものを一覧にした。題字のデザインなどで参考にされたし。

・「主な歴史的仮名遣いと読み方一覧」では、歴史的仮名遣いの読み方を一覧にして示した。

・「出典一覧」では、本文で挙げた用例の出典を一覧にして示した。時代背景や物語の性質などをより深く知りたいと思ったとき、参考にされたし。

【五】索引

・巻末に見出し語を網羅した索引を掲載した。思いついたことばを索引で検索し、該当ページに掲載されている類語・言い換え表現の中からよりよい表現を見つけ出すことが出来る。

・見出し語の配列は五十音順とした。

気持ち

愛・愛する

【憐《あは》れ】

愛情。人情。情け。★よろづのあはれは思ひ知らるれ。（すべての情けは思い当たって理解できるのだ。）［徒然草］

【あはれなり】

しみじみとかわいい。★例の猫にはあらず、聞き知り顔にあはれなり。（普通の猫のようではなく、聞き分けるようでしみじみとかわいい。）［更級］

【あはれを交《か》はす】

深く愛し合う。★うちとけずあはれをかはし給ふ御仲なれば（人目を忍んで深く愛し合いなさる御間柄なので）［源氏］

【いとこせ】

愛する夫。


【いとこめ】

愛する妻。


【うつくしがる】

いとしく思う。かわいがる。★うつくしがり聞こえ給ふ。（愛しく思い申し上げなさる。）［枕草子］

【慈《うつく》しむ】

愛する。かわいがる。大切にする。★我が心をやりてささげうつくしみ給ふも（ご自分はいい気分になって抱き上げかわいがりなさるも）［紫式部］

【思《おも》ひ】

恋しい思い。愛情。★かくとだにえやはいぶきのさしも草さしも知らじな燃ゆる思ひを（こんなにあなたに恋しているということだけでも言えましょうか、いや言えません。伊吹山のさしも草のように燃えている私の思いがそれほどとは、あなたはおわかりにはならないでしょうね）［後拾遺］

【思《おも》ひ交《か》はす】

愛し合う。★昔、男女、いとかしこく思ひかはして（昔、男と女がたいそう深く愛し合って）［伊勢］

【思《おも》ひ妻《づま》・夫《づま》】

愛する妻・夫。


【思《おも》ひ果《は》つ】

愛し通す。★えおもひはつまじけれ（愛し通すことはできない）［源氏］

【思《おも》ひ寄《よ》る】

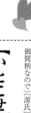

言い寄る。求愛する。★まごころに後見聞こえむなど思ひ寄り聞こゆるあらば（誠意をもってお世話申し上げようなどと言い寄り申し上げる男がいるならば）［源氏］

【思《おも》ふどち】

仲間。愛し合う仲。


【愛《かな》しむ】

いとしく思う。かわいいと思う。★父母、これをかなしみ愛して（父母はこの子をかわいいと思い愛して）［今昔］

【燻《くゆ》る】

思い焦がれる。★ふすべやしつる燻る思ひに（くすぶっているのだろうか、思い焦がれる思いのために）［蜻蛉］

【焦《こ》がる】

しきりに恋い慕う。★こがるる胸も少しさむる心地し給ひける（恋い焦がれる胸も少し薄れる気持ちがなさるのだった）［源氏］

【志《こころざし》】

愛情。好意。誠意。★親のこころざしは思ひ知るなれ（親の愛情は身にしみて知るのである）［徒然草］

【好《この》む】

好く。愛する。★浅茅が宿に昔をしのぶこそ色好むとは言はめ（チガヤが茂る荒れた家に、恋人と語らった昔を思い出すことこそ恋の情趣を好むものといえよう）［徒然草］

【幸人《さいはひびと》】

幸運な人。愛されている人。


【下焦《したこ》がれ】

心のなかでひそかに恋い焦がれること。


【下恋《したこ》ひ】

心のなかでひそかに恋い慕うこと。


【時《とき》めかす】

寵愛する。★国王すぐれて時めかしたまふこと並びなかりけるほどに（帝が格別に寵愛なさることが比べるものがなかったほどなので）［源氏］

【時《とき》めく】

寵愛を受けて栄える。★いとやむごとなききはにはあらぬが、すぐれてときめき給ふありけり（それほど高貴な身分ではない方で、特に帝の寵愛を受けて栄えていらっしゃる方があった）［源氏］

【無《な》げのあはれ】

かりそめの愛情。ちょっとした同情。★横さまの人のなげのあはれをもかけ（関係のない

人がちょっとした同情をかけ)[源氏]

【情《なさ》け】

情愛。恋情。★そのとき、老いたる親、いときなき子、君の恩、人のなさけ捨て難しとて捨てざらんや(その(死がやってきた)とき、年老いた親、幼い子、主君の恩、人の情愛を捨てかねるからといって捨てないでいられようか、いや捨てるしかない)[徒然草]

【にくからず】

情愛がこまやかである。★さすがににくからず聞こえ交はし給ひて(そうはいっても情愛こまやかにやり取り申し上げなさって)[竹取]

【愛《め》づ】

愛する。感じ入って好む。★いかでこのかぐや姫を得てしがな、見てしがなとおとに聞きて愛でてまどふ。(なんとかしてこのかぐや姫を手に入れたいものだなあ、結婚したいものだなあと噂に聞いて、感じ入って好きになり、思い乱れる。)[竹取]

【らうたがる】

かわいがる。★子供・童を見入れらうたがりて(子供や幼子を目にかけかわいがって)[枕草子]

諦める

【言《い》ふ限《かぎ》りにあらず】

何も言うことはない。仕方ない。★遂に死なば、いふかぎりにあらず。(結局死ぬのなら、何も言うことはない(、仕方ないと諦めよう)。)[源氏]

【思《おも》ひ切《き》る】

断念する。★入道、院がたの奉公おもひきったり(入道清盛は法皇への奉公を断念した)[平家]

【思《おも》ひ消《け》つ】

無理に忘れる。★この御事をおもひけちて(この(恋い慕う藤壺の)ことを無理に忘れて)[源氏]

【思《おも》ひ捨《す》つ】

見捨てる。★第一の事を案じ定めて、その外はおもひすてて(いちばん大切なことをよくかんが

えて決めて、そのほかのことは見捨てて)〔徒然草〕

【思《おも》ひ絶《た》ゆ】断念する。★旅なればおもひたえてもありつれど(旅だから諦めてもいたけれど)〔萬葉〕

【思《おも》ひ流《なが》す】諦める。★父母の御ためとおもひながせば悔やみはなし(父母のためと諦めれば悔いはない)〔大磯虎〕

飽きる

【倦《う》んず】うんざりする。★世の中をうんじて筑紫へ下りける人(世の中がいやになって、筑紫国(九州)に下った人)〔大和物語〕

【心《こころ》の秋《あき》】飽きて心変わりすること。★言の葉の心のあきにあふぞわびしき(約束した言葉に飽きがきて心が変わってしまう目に遭うのがかなしい)〔古今〕

【旧《ふる》す】飽きて見捨てる。★あだ人の我をふるせる名にこそありけれ(浮気者が私を飽きて見捨てた名だったのだなあ)〔古今〕

あきれる

【浅《あさ》む】驚きあきれる。★鬼どもあさみ興ず(鬼どもは驚きあきれ、面白がる)〔宇治拾遺〕

【上《うは》ぐむ】のぼせる。呆然とする。★今の民部卿殿はうはぐみて、人々の御顔をとかく見たまひつつ(現在の民部卿はのぼせて、人々の御顔をあれこれご覧になっては)〔大鏡〕

【口塞《くちふた》がる】あきれて物が言えなくなる。★なかなか口ふたがるわざかな(かえって物が言えなくなる次第ですよ)〔源氏〕

焦る・苛立つ

【苛《いら》つ】

いらいらする。★昔人はかくいらちたる飲みやうをなんしける（昔の人はこのようにいらだった飲み方をしたという）〔仁勢〕

【心苛《こころいら》れ】

いらいら。焦燥感。★くるしげなるもの（中略）心いられしたる人（困っていそうなもの……いらいらしている人）〔枕草子〕

【心《こころ》もとなし】

じれったい。不安で落ち着かない。★いみじくこころもとなく、ゆかしく覚ゆるままに（とてもじれったくて、（源氏物語を）早く見たく思われて）〔更級〕

【逸る】

焦る。苛立つ。★この人も、はた、気色はやれる。（この人もまた様子が苛立っている。）〔源氏〕

【わしる】

あくせくする。★身を知り、世を知れれば、願はず、わしらず（身の程を知り、世間を知っているので、何か望まず、あくせくせず）〔方丈記〕

慌てる

【あわつ】

慌てる。★公に御文奉り給ふ。あわてぬさまなり。（帝にお手紙をお書き申し上げなさる。慌てていない様子である。）〔竹取〕

【掻《か》き乱《みだ》る】

気持ちが混乱する。★心地かきみだりて堪へがたければ（気持ちが混乱して堪え難かったので）〔源氏〕

【くるめく】

慌てて騒ぎまわる。★「あな、あさまし」と言ひてくるめきけるほどに（「まあ、あきれたことだ」と言って、慌てて騒ぎ惑ったほどに）〔宇治拾遺〕

【心肝《こころぎも》を惑《まど》はす】

うろたえ、慌てる。★こころぎもをまどはしてもとむるに（大切な鷹に逃げられ）うろたえ慌てて探し求めたが）〔大和物語〕

【惑《まど》ふ】

心乱れる。慌てる。★血の涙を流して惑へど、かひなし。（血の涙を流して悲しみもだえるが、どうしようもない。）〔竹取〕

安心・気楽・平気

【後《うし》ろ安《やす》し】

心配ない。安心。気安い。★差し答へもうしろやすくしたるは、うれしきわざなり。（ちょっとした受け答えも気安くしてくれたのは、嬉しいものだ。）〔枕草子〕

【落《お》ち居《ゐ》る】

気持ちが落ち着く。ゆったりする。★女御も御心おちゐたまひぬ。（女御もお心が落ち着きなさった。）〔源氏〕

【寛《くつろ》かなり】

心持ちがゆったりしていて余裕がある。気楽。★桜の唐衣ども、くつろかに脱ぎ垂れて（桜襲の唐衣などを気楽に脱ぎかけ垂れるように着て）〔枕草子〕

【心解《こころと》く】

気を許す。安心する。うちとける。★人離れたる所に、心とけて寝ぬるものか（人気のないところで、安心して寝込んでしまってよいものか）〔源氏〕

【心安《こころやす》し】

心配ない。気安い。たやすい。★今ぞ心やすく黄泉路もまかるべき。（今こそ安心してあの世に行くことができる。）〔大鏡〕

【事《こと》ともせず】

何とも思わない。★家の人どもに物をだにいはむとて、いひかくれども、ことともせず。（（かぐや姫の）家に仕える人々に何かことづけるだけでもと思って言葉をかけるが、相手は何とも思わない。）〔竹取〕

【事《こと》無《な》し】

心配なことがない。★心苦しき御気色の、下にはおのづから漏りつつ見ゆるを、ことなく消ち給へるも（お気の毒なご様子が、隠しても自然に漏れ出て見えるのを、心配事がないよう隠していらっしゃるにつけても）［源氏］

【事無《ことな》しぶ】

何気ないふりをする。素知らぬ顔をする。★群鳥の立ちにしわが名いまさらにことなしぶともしるしあらめや（噂ははばたく鳥のようにあっというまに立った私の名だが、今となって何事もない顔をしても効果はあるだろうか）［古今］

【然《さ》らぬ】

なんでもない。大したことのない。★涙おしのごい、さらぬ体にもてないて申しけるは（涙を拭い、なんでもない様子に振る舞って申したことには）［平家］

【然《さ》らぬ顔《がほ》】

何事もないような顔つき。さりげない表情。★さらぬがほなれど、ほほ笑みつつ後目にとどめ給ふもあり。（何事もないような顔つきではあるが、微笑しながら流し目を送られることもある。）［源氏］

【つれなし】

素知らぬふうだ。平然としている。★いとつれなく、なにとも思ひたらぬさまにて、たゆめ過ぐすも、またをかし。（まったく素知らぬふうで、何とも思っていない様子で、（相手を）油断させ通すのも、また興味深い。）［枕草子］

【つれなし顔《がほ》】

素知らぬ顔。★つれなし顔なるしもこそいたけれ。（素知らぬ顔をしているのがなんとも、立派である。）［源氏］

鬱陶しい・煩わしい

【暑《あつ》かはし】

煩わしい。★いと、あまりあつかはしき御もてなしなり。（まったく、あまりに私をわずらわしく思っているようなご対応です。）［源氏］

【いぶせし】

気が晴れない。不快だ。★あやしういぶせき心地するものを（不思議なほど気が晴れない思いがするのに）［源氏］

【埋《う》もれ甚《いた》し】

気持ちが晴れない。★知らぬ国の心地して、いとうもれいたく（知らない国のような気持ちがして、ひどく気持ちが晴れ晴れせず）［源氏］

【こちたし】

煩わしい。うるさい。度を越している。仰々しい。★人言はまことこちたくなりぬともそこに障らむ我にあらなくに（他人の噂が本当にうるさくなっても、それに邪魔されるような私ではないのに）［萬葉］

【所狭《ところせ》し】

面倒だ。厄介だ。窮屈なほど大げさだ。★和歌の髄脳いとところせう（和歌の心得がたいそう面倒に（書いてあって））［源氏］

【難《むつか》し】

面倒だ。煩わしい。★さすがに心恥づかしき人、いとにくくむつかし。（やはり気兼ねをしなければならない人のときは（「後で」と帰すわけにもいかず）本当に憎らしく煩わしい。）［枕草子］

【物難《ものむつか》し】

なんとなくいいや。★見所もなきふるさとの木立を見るにも、ものむつかしう（見どころもない実家の木立を見るにつけても、何となくうっとうしく）［紫式部］

【遣《や》る方無《かたな》し】

気を晴らす方法がない。★悲しさのやるかたなく（悲しみの心を晴らしようがなく）［源氏］

敬う

【仰《あふ》ぐ】

尊敬する。★いにしへをあふぎて（昔のことを尊敬して）［古今］

【尊《たふと》ぶ】

尊重する。★目を卑しみ、耳をたふとぶるあまり（目に見える存在を軽視し、耳に聞く音を尊重するあまり）［新古今］

恨む

【打《う》ち怨《えん》ず】

恨みごとを言う。★われも人も悪しう言ひなりて、打ち怨じて出づるになりぬ（私もあの人も悪く言ってしまって、あの人が恨み言を言って出ていくことになってしまった）［蜻蛉］

【恨《うら》み掛《か》く】

恨みごとを言う。非難する。★女は、なほいと艶にうらみかくるを（女は相変わらずずいぶん色っぽく恨みごとを言うので）［源氏］

【恨《うら》み果《は》つ】

徹底的に恨む。★咲く花は千種ながらにあだなれど誰かは春を恨みはてたる（春に咲く花の種類は多く、すべてはかないけれど、そんな花を咲かせる春を誰が恨み通そうか、いや恨み通しはしない）［古今］

【恨《うら》み侘《わ》ぶ】

恨み悲しみ、つらい気持ちになる。★うらみわびほさぬ袖だにあるものを（あの人のつれなさを恨み嘆き、涙に濡れ乾かす暇もない袖さえあるのに）［後拾遺］

【託《かこ》つ】

恨み言を言い嘆く。★あだなる契りをかこち（恋人とのはかない約束を恨み嘆き）［徒然草］

【かごと】

恨み言。★かごとも、聞こえつべくなむ（恨み言も申し上げてしまいそうです）［源氏］

【かごとがまし】

いかにも恨みがましい。★虫の音かごとがましく（虫の鳴き声がいかにも恨みがましく）［徒然草］

羨む

【羨《とも》しぶ】

羨ましく思う。★音のみも名のみも聞きてともしぶるがね（評判だけでも、名前だけでも聞いて、羨ましく思うだろうから）［萬葉］

【妬《ねた》がる】

羨ましがる。★たはぶれにもねたがり言ふめり（冗談にせよ羨ましがり、あれこれ言うようだ）［枕草子］

【燻《ふす》ぶ】

嫉妬する。★思ふ人二人もちて、こなたかなたふすべらるる男（愛する人を二人持って、両方から嫉妬される男）［枕草子］

【物《もの》恨《うら》み】

なんとなく嫉妬し恨むこと。★まだきに騒ぎて、あいなきもの恨みし給ふな（事前に騒ぎ立てて、つまらない嫉妬などしなさるな）［源氏］

嬉しい

【嬉《うれ》しぶ】

嬉しく思う。★いきどほる心の内を思ひのべうれしびながら（塞いだ心の中をのびのびとさせて、嬉しく思いながら）［萬葉］

【下《した》笑《ゑ》まし】

心の中で嬉しく思う。★明石潟潮干の道を明日よりはしたゑましけむ家近づけば（明石潟の潮の引いた道を明日からは心の中で嬉しく思うだろう。我が家が近くなるので）［萬葉］

【笑《ゑ》み曲《ま》ぐ】

心中の嬉しさをおさえきれず、笑いがこぼれる。★口は耳元までゑみまげてゐたり。（口は耳元まで曲がるほど、笑いがこぼれていた。）［落窪］

落ち込む

【打《う》ち湿《しめ》る】

もの思いに沈む。塞ぎ込む。★うちしめり、面痩せたまへらん御様の（もの思いに沈み、顔がお痩せになっていらっしゃるだろうと思われるご様子が）［源氏］

【思《おも》ひ消《き》ゆ】

深く思い沈む。★白雪の降りて積もれる山里は住む人さへやおもひきゆらむ（白雪が降って積もっている山里は住む人まで深く思い沈んでいるのだろうか）［古今］

【思《おも》ひくづほる】

気がくじける。★「我亡くなりぬとて、口惜しうおもひくづほるな」（私がなくなったとしても、がっかりして気がくじけてはならない）［源氏］

【思《おも》ひ屈《くん》ず】

気が滅入る。塞ぎ込む。★かくのみ思ひくんじたるを、心も慰めむと（このように塞ぎ込んでばかりいるので、気持ちを紛らわせてやろうと）［更級］

【思《おも》ひ沈《しづ》む】

もの思いに沈む。★生きたらじと思ひしづみ給へるが（生きていないでいようともの思いに沈みなさっているが）［源氏］

【思《おも》ひ萎《しを》る】

しょんぼりする。気力がなくなる。★消息などもせで、久しく侍りしに、むげに思ひしをれて（手紙なども出さずに、長くおりましたので、ひどくしょんぼりして）［源氏］

【屈《くっ》す】

気が滅入る。心が塞ぐ。★なほこの事に宿世なき日なめりと、屈して（やはりこのこと（和歌）に縁のない日であるようだと、気が滅入って）［枕草子］

【結《むす》ぼほる】

気が塞ぐ。くさくさする。★たゆみなくむすぼほれ、物をのみ思したりしも（絶えず気が塞ぎ、もの思いばかりなさっていたのも）［源氏］

怒る

【息巻《いきま》く】

息を荒らげて怒る。いきり立つ。★上人なほ息巻きて（上人はさらにいきり立って）［徒然草］

【立《た》ち腹《ばら》なり】

怒りっぽい。★おのが心本性、立ち腹に侍りて（私の心の本性は怒りっぽくございまして）［落窪］

【腹悪《はらあ》し】

怒りっぽい。★良覚僧正と聞こえしは、きはめて腹悪しき人なりけり。（良覚僧正と申し上げた人は、非常に怒りっぽい人だった。）［徒然草］

【腹《はら》が居《ゐ》る】

怒りがおさまる。気が晴れる。★梶原、この詞に腹が居て（梶原は、この言葉で怒りがおさまって）

[平家]

【憤《むつか》る】 機嫌を悪くして腹を立てる。★「あなにく。例の御癖ぞ」と、見奉りむつかるめり。(「ああいやだ。いつもの(色好みの)お癖だ」と拝見して機嫌を損ねご立腹のようだ。)[源氏]

驚く

【浅《あ》ま《さ》し】 意外だ。驚くばかりだ。★思はずにあさましくて、「こはいかに、かかるやうやはある」とばかり言ひて(思いがけず驚くばかりで「これはどうしたことか、こんなことがあるだろうか」と言って)[十訓抄]

【胸《むね》潰《つぶ》る】 驚きでどきどきする。★知る人の名あるは、ふと例の胸潰るらむかし(知っている人の名前があるのは、不意にいつもどおりどきどきするだろうよ)[枕草子]

【胸《むね》拉《ひし》ぐ】 →【胸潰る】

悲しい

【否目《いやめ》】 悲しそうな目つき。涙ぐんだ目。

【うら悲《がな》し】 なんとなく悲しい。★春の野に霞たなびきうら悲し(春の野に霞がたなびいて、なんとなく悲しい)[萬葉]

【恨《うら》めし】 残念で悲しく思われる。★子細に及ばずと言ひながら、うらめしかりし事どもなり。(とやかく言える筋合いではないと言いながら、残念で悲しく思われたことである。)[平家]

【憂《うれ》ふ】 悲しみ嘆く。★天下の乱れんことを悟らずして、民間のうれふるところを知らざっしかば（国が混乱するだろうことを悟らないで、民衆が悲しみ嘆くことを察しなかったので）［平家］

【思《おも》ひ嘆《なげ》く】

悲しく思う。★いとくちをしく、おもひなげかるるに（とても残念で、悲しく思われるときに）［更級］

【心《こころ》を砕《くだ》く】

心を痛め悲しむ。★かたしく袖もしをれつつ、朧にかすむ春の月、心をくだかぬ人ぞなき。（独り寝の袖も涙でぐっしょり濡れ、春の朧月を見て、悲しまない人はいない。）［平家］

【寂《さび》し】

物悲しい。★いとど人目も見えず、寂しく心細くうちながめつつ（ますます人の出入りもなくなって、物悲しく心細くもの思いにふけりつつ）［更級］

【胸潰《むねつぶ》る】

悲しみや驚きで胸が締め付けられる。どきどきする。★胸つぶるるもの。（中略）まだものいはぬ乳児の泣き入りて、乳も飲まず、乳母のいだくにもやまで久しき。（どきどきするもの。……まだ喋れない赤子が泣いて乳も飲まず、乳母が抱いてもずっと泣き止まないこと。）［枕草子］

【胸拉《むねひし》ぐ】
→【胸潰る】

かわいそう

【いたまし】

かわいそう。★つなぎ苦しむるこそいたましけれど（つなぎ苦しめるのはかわいそうだが）［徒然草］

【いとほし】

（自分がそうなると困るほど）気の毒だ。かわいそうだ。★翁をいとほしく、かなしと思しつることも失せぬ。（翁をかわいそうで不憫だと思う気もちも（かぐや姫の心から）消えてしまった。）［竹取］

【傍《かたは》ら痛《いた》し】

気の毒だ。そばにいる人を思いやる気持ち。★このごろの御気色を見奉る上人女房などは、かたはらいたしと聞きけり。（このごろの帝のご様子を拝見している殿上人や女房などは、気の毒だと聞いていた。）［源氏］

【かはゆし】

かわいそうで見ていられない。★年老い袈裟掛けたる法師の、(中略)よろめきたる、いとかはゆし。(年をとり袈裟を掛けた法師が(中略)よろめいているのは、とてもかわいそうで見ていられない。)[徒然草]

【心苦《こころぐる》し】

かわいそうだ。同情し心が痛む。★いといたうやせ青みて、ほれぼれしきまで物を思ひたれば、心苦しと見給ひて(ひどく痩せ青ざめて、ぼんやりとして物思いにふけっているので、かわいそうだとご覧になって)[源氏]

【便《びん》なし】

かわいそう。いたわしい。★きのふの価、返しくれたびてんやと侘ぶ。いとびんなければ、許しやりぬ。(昨日の代金を返してくださらないだろうかと困っている。とてもかわいそうなので、許してやった。)[風俗文選]

感動

【いたがる】

たいそう感服する。ほめる。★しつべき人もまじれれどこれをのみいたがり(返歌を)することができる人もまじっているけれどこの歌ばかりをたいそう褒めて)[土佐]

【しみつく】

心に深くとまる。深い関係になる。★若き御どち、もの聞こえたまはむは、ふとしもしみつくべくもあらぬを(お若い方同士で、お話を申し上げるとしても、急には深い関係になるはずもないのに)[源氏]

【物《もの》に感《かん》ず】

何かに心動かされる。感激する。★人、木石にあらねば、時にとりて物に感ずる事なきにあらず。(人間は木や石のように人情を解さないものではないので、時として何かに心が動かされることがないわけではない。)[徒然草]

気持ち・心

【肝心《きもごころ》】心。精神。正気。★肝ごころも失せて、防がんとするに力もなく（猫又に襲われ）正気を失い、防ごうとするにも力も出ず）［徒然草］

【肝魂《きもだましひ》】心。精神。★見る人聞く者きもだましひを痛ましめずといふ事なし。（見る人も聞く人も、皆が心を痛ませないといったことがない。）［平家］

【気色《けしき》】機嫌。心の動き。★かぢとり、けしき悪しからず。（船頭は、機嫌が悪くない。）［土佐］

【心掟《こころおきて》】心構え。気配り。★御こころおきても、ことの外に賢くおはします。（道真公は）お心構えも、格別に聡明でいらっしゃる。）［大鏡］

【心際《こころぎは》】心持ち。心の様子。

【心様《こころざま》】心の持ちざま。気立て。★かたちこころざまよき人も（顔かたちや気立ての優れた人も）［徒然草］

嫌い・憎い

【あいなし】気に入らない。不快だ。★上達部、上人なども、あいなく目をそばめつつ（公卿、昇殿を許された人なども、気に入らなくて目をそむけ）［源氏］

【あやにくがる】憎む。意地悪を言う。★習はせ給ふほども、あやにくがりすまひ給へど（舞をお習いになる間も、いやがり抵抗なさったが）［大鏡］

【厭《いと》はし】いやだ。★常はいとはしき夜の長さも（いつもはいやな夜の長さも）［源氏］

【厭《いと》ふ】いやがる。★世の常ならぬさまなれども、

人にいとはれず、万許されけり。(世間一般とは違う様子であるけれど、人にいやがられず、全て許されていた。)[徒然草]

【忌《い》ま忌《い》まし】

癪に障る。憎らしい。★弁慶これを聞きていまいましくぞ思ひければ(弁慶はこれを聞いて憎らしく思ったので)[義経記]

【否《いや》む】

気分を害して嫌う。★「我らにあひて、かうはいふぞ」とて、いやみ思ひて(「私たちにあって、こうは言うぞ」と言って、気分を害し嫌いだと思って)[宇治拾遺]

【憂《う》し】

嫌い。いやだ。わずらわしい。★世の中ことわざしげく、憂きものに侍りけり。(世の中は人の所業も多くてわずらわしく、いやなものでございますよ。)[紫式部]

【うたてあり】

いやだ。情けない。不快だ。★うたてある主のみもとに仕うまつりて、すずろなる死にをすべかめるかな。(いやなご主人のそばにお仕え申し上げて、思いがけない死に方をしなくてはならないようだな。)[竹取]

【うたてし】

いやだ。がっかりする。気に食わない。★さくりあげて、「よよ」と泣きければ、うたてしやな。(しゃくりあげて、「おいおい」と泣いたので、がっかりするなあ。)[宇治拾遺]

【うたて侍《はべ》り】

いやでございます。情けのうございます。★ししこらかしつる時は、うたてはべるを(病気をこじらせてしまうと、いやでございますから)[源氏]

【疎《うと》まし】

いやな感じだ。避けたい。★人の名につきたる、いとうとまし。(人の名に(虫の名前が)つくのは、とてもいやな感じだ。)[枕草子]

【心《こころ》憂《う》がる】

嫌悪感を覚える。★「何しに殺し給へるぞ」と心憂がれど(「どうして殺しなさったのか」と(妻は)嫌悪感を覚えたけれど)[宇治拾遺]

【心《こころ》憂《う》し】

不快だ。あってほしくない。★かぎりなく妬くこころうしと思ふを、忍ぶるになむありける。(この上なくいまいましく不快だと思っているのを、じっと我慢しているのであった。)[大和物語]

【心《こころ》づきなし】

いやだ。気に食わない。★いかなる女なりとも、明け暮れそひ見むにはいと心づきなく憎かりなん。(どんな女でも朝晩いっしょに暮らして見ていれば、たいそういやになることだろう。)[徒然草]

【心疚し】満足できず、不愉快だ。気に食わない。★こころやましきさまにて、絶えてことづてもなし。（気に食わない様子で、伝言のひとつとしてないことだ。）［蜻蛉］

【苦《にが》々《にが》し】非常に不愉快だ。★世の中にがにがしうぞ見えし。（世の中が非常に不愉快に思えた。）［平家］

【憎《にく》し】癪に障る。いやだ。気に食わない。★にくきもの。急ぐことあるをりに来て長言するまらうと。（癪に障るもの。急用があるときに来て長話をする客。）［枕草子］

【妬《ねた》まし】いまいましい。憎らしい。★この事を、僧正ねたましく思はれけん（このこと（僧正の絵に引けを取らなかったこと）を、僧正はいまいましくお思いになったのだろうか）［古今著聞集］

【人《ひと》憎《にく》し】憎らしい。無愛想だ。★いと、あまり深く、人にくかりけることと（非常に度を超えて気持ちが強く、無愛想であったことと）［源氏］

【人《ひと》悪《わろ》し】みっともない。★烏帽子のさまなどぞ、すこしひとわろき。（烏帽子の様子などは、少しみっともない。）［枕草子］

【難《むつか》し】いやな感じだ。見苦しい。★手にきり付きて、いとむつかしきものぞかし。（手に（蝶の鱗粉が）ついて、とてもいやな感じのものだよ）［堤中納言］

悔しい・残念

【惜《あたら》し】（優れたものを失い）残念だ。もったいない。★きはことに賢くて、ただ人にはいとあたらしけれど（（光の君は）きわだって賢明で、臣下にするには非常にもったいないけれど）［源氏］

【牙《きば》を嚙《か》む】歯を強くくいしばる。歯ぎしりをする。★鼻をふきいからし、きばをかみ、ひげをそらしてゐたり。（鼻をふくらませ、歯を強く食いしばり、ひげをそらしている。）［宇治拾遺］

【口《くち》惜《を》し】（期待がかなえられず）残念だ。（特に他人や物事に対し）がっかりする。★くちをしう、男子にて持たらぬこそ幸ひなかりけれ。（残念

ながら、(この子が)男子でないのが、幸運ではなかったのだ。)[紫式部]

【悔《くや》し】

(特に自分の行為に対し)後悔される。残念だ。★我が宿の花橘は散りにけりくやしき時に逢へる君かも(我が家の橘の花は散ってしまった。こんな残念なときにあなたに逢ったものだなあ)[萬葉]

【妬《ねた》し】

悔しい。癪だ。憎らしい。★いかでなほ、少しひがごと見つけてをやまむと、ねたきまでにおぼしめしけるに(何とかして、少しでも(女御の答えに)間違いを見つけてね、その上で終わりにしようと、悔しいほどお思いになっていらっしゃるが)[枕草子]

【ねったい】

(口語で)悔しい。残念だ。★ねったい、さらば景季も盗むべかりけるものを(残念だ、それなら私・景季も馬を盗めばよかったのになあ)[平家]

【念《ねん》無《な》し】

残念で悔しい。★これを射も殺し、斬りも殺したらんは、無下に念なかるべし(これを射殺したり、斬り殺したりしたら、大変に残念であるに違いない)[平家]

【本《ほ》意《い》なし】

残念だ。期待外れだ。★平家これをほいなしとや思ひけん(平家はこれを残念だと思ったのか)[平家]

【無《む》益《やく》し】

いまいましい。悔しい。★大方な機嫌とりて、むやくしき事も程すぎて(いいかげんなご機嫌をとって、悔しいことも時が経って)[好色一代男]

恋

【秋《あき》の契《ちぎ》り】

恋人や夫婦の間の愛がさめること。「秋」に「飽き」を掛けている。

【厭《いと》ふに栄《は》ゆ】

嫌われるとかえって恋心が燃え上がる。★あやしくもいとふにはゆる心かな(不思議なことに相手に嫌われるとかえって燃え上がる、私の恋心だよ)[後撰]

【うら恋《こひ》し】

なんとなく慕わしい。心惹かれる。★うらこひしわが背の君はなでしこが花にもがもな(なんとなく慕わしいあなたが、なでしこの花であったらいいなあ)[萬葉]

【思ひ懸かる】心のなかで思いを寄せる。★めでたしと思はんを、死ぬばかりもおもひかかれし（素晴らしいと思うような（女に、男は）死ぬほどに思いを寄せなさいよ）［枕草子］

【思《おも》ひ懸《か》く】恋い慕う。★昔、男、おもひかけたる女のえ得まじうなりての世に（昔、ある男が恋い慕っていた女が手に入れられなくなってしまったときに）［伊勢］

【思《おも》ひ兼《か》ぬ】恋しい思いに耐えきれない。★さ男鹿鳴きつ妻思ひ兼ねて（男鹿が鳴いた、妻を恋い慕う思いに耐えられなくて）［萬葉］

【思《おも》ひ暮《く》らす】恋しく思って暮らす。★相思はぬ妹をやもとな菅の根の永き春日を思ひ暮らさむ（思ってくれないあの娘なのに、それをしきりに、長い春の一日、恋しく思って暮らすことか）［萬葉］

【思《おも》ひそむ】恋し始める。★恋すてふわが名はまだき立ちにけり人知れずこそ思ひそめしか（恋しているという私の噂は早くも立ってしまったなあ。人に知られぬよう、こっそり恋し始めたのに）［拾遺］

【思《おも》ひ付《つ》く】好ましく思う。好きになる。★故衛門督をば、とりわきておもひつきにしぞかし（亡き衛門督を、特別に好ましく思ってしまったのであったよ）［源氏］

【思《おも》ひ病《や》む】恋しくて病気になる。★玉づさの使ひもこねばおもひやむわが身ひとりぞ（あなたからの使いも来ないので恋しくて病気になるのは私ひとりです）［萬葉］

【片敷《かたし》く】独り寝をする。共寝をするとき、互いに衣の袖を敷いて寝たことから、相手に逢えず満たされない恋心・寂しさを表す。★きりぎりす鳴くや霜夜のさむしろに衣かたしきひとりかも寝む（こおろぎが鳴く、霜の降りる夜の寒さのなか、小さなむしろに衣の片袖を敷き、私は（あなたを思い）独り寂しく寝るのだろうか）［新古今］

【懸想《けさう》】恋い慕うこと。求婚。★懸想じける女のもとに（男が恋い慕っていた女のもとに）［伊勢］

【焦《こ》がる】しきりに恋い慕う。恋い焦がれる。★こがるる胸も少しさむる心地し給ひける（恋い焦がれる胸も少し薄れる気持ちがなさるのであった）［源氏］

【恋《こ》ひ恋《こ》ふ】

恋し続ける。★恋ひ恋ひて逢へる時だに（恋し続けてやっと逢った時だけでも）［萬葉］

【恋《こひ》衣《ごろも》】

身にまとう衣のように、心から離れぬ恋。★恋衣着奈良の山に鳴く鳥の間なく時なし我が恋ふらくは（衣のように体から離れぬ恋は、衣を着なれた奈良の山に鳴く鳥のように、絶え間もなくいつも私の恋することよ）［萬葉］

【恋《こひ》知《し》り顔《がほ》】

恋の情趣を解するかのような顔。


【恋《こひ》路《ぢ》】

恋の道。恋。「小泥」に掛けることが多い。★袖ぬるるこひぢとかつは知りながら（涙で袖が濡れる恋の道と一方で知りながら）［源氏］

【恋《こひ》尽《づくし》】

恋に心を尽くすこと。


【恋《こひ》の奴《やっこ》】

恋に分別を失った人。★この身は軽しいたづらに、恋の奴になり果てて（この卑しい身はむなしく、恋の虜となってしまって）［恋重荷］

【下《した》焦《こ》がれ】

心のなかでひそかに恋い焦がれること。


【下《した》恋《ご》ひ】

心のなかでひそかに恋い慕うこと。


【袖《そで》交《か》ふ】

袖を交えて寝る。恋人や夫婦が一緒に寝る。★あらたまの年はきはれど敷たへの袖かへし子を忘れて思へや（私は年を取ったけれど、袖を交えて寝たあの子のことを忘れようか、忘れはしない）［萬葉］

【袖《そで》返《かへ》す】

袖を裏返して寝る。こうして寝ると、恋人が夢に現れるというおまじないがあった。★白たへの袖かへししは夢に見えきや（袖を裏返しにして寝たのですが、夢に現れましたか）［萬葉］

【情《なさ》け】

愛情。恋情。★男女の情けも、ひとへに逢ひ見るをば言ふものかは。（男女の恋情も、いちずに逢っている最中だけを言うものだろうか、いやそうではない。）［徒然草］

【情《なさ》けを交《か》はす】

互いに情愛を交わし合う。★さすがに情けをかはし給ふ方々は（そうはいっても、互いに情愛を交わし合いなさる方々は）［源氏］

【人《ひと》に染《し》む】

恋に溺れる。執着する。★わが心ながら、

いとかく人にしむことはなきを（自分の心ながら、まったくここまで（女との）恋に溺れることはなかったのに）［源氏］

【見初《みそ》む】恋し始める。初めて契りを結ぶ。★いまだ少将なりし時、みそめたりし女房なり。（まだ少将だった頃、初めて契りを結んだ女房である。）［平家］

怖い・恐れる

【悍《おぞ》し】恐ろしい。怖い。★おどろおどろしく、おぞきやうなり。（仰々しく、恐ろしい様子である。）［源氏］

【恐《おそ》る】恐れる。怖がる。特に恐れを心に感じるほうに重点を置く語。★死をおそれざるにはあらず。（死を恐れないのではない。）［徒然草］

【怖《お》づ】恐れる。怖がる。★をさなき心地にも、いといたうもおぢず（幼い心にも、それほどひどくも怖がらず）［源氏］

【怖《お》づ怖《お》づ】おそるおそる。こわごわ。★たしかに来とあらば、おづおづも（はっきりと「来い」というのならば、おそるおそるでも（行きますよ））［蜻蛉］

【おどろおどろし】恐ろしい。気味が悪い。★いとおどろおどろしく、かきたれ雨の降る夜（とてもぞっとするように、激しく雨の降る夜）［大鏡］

【怯《おび》ゆ】怖がって、びくびくする。特に恐れが態度に出る様子に重点を置く語。★物におそはるる心地して、「や」と、おびゆれど（何かに襲われるような気がして「あれっ」と怖がっておびえたが）［源氏］

【むくつけし】（正体がつかめず）恐ろしい。気味が悪い。★物の怪のさまと見えたり。あさましくむくつけし。（怨霊の類の様子だと見えた。驚くほどぞっとして恐ろしい。）［源氏］

寂しい

【気遠《けどほ》し】人気がなくて、もの寂しい。★こなたかなた、けどほくうとましきに（あちらもこちらも、人気がなくてもの寂しく気味が悪いうえに）［源氏］

【心凄《こころすご》し】とても寂しい。非常に心細い。★荒ましき風の音も心すごくおぼえて（荒々しい風の音もとても寂しく思われて）［石山寺縁起］

【さうざうし】（いるべき人やあるべき物事がなく）張り合いがない。心寂しい。物足りない。★この酒を独りたうべんがさうざうしければ（この酒を一人でいただくのが物足りないので）［徒然草］

【寂《さび》し】（生気や活気が失われ）寂しい。物足りない。★所狭く集ひし馬・車の、かたもなく寂しきに（場所いっぱいに集まった馬や牛車が、（今は）跡形もなくて寂しいところに）［源氏］

【凄《すご》し】ぞっとするほど寂しい。★日の入りぎはの、いとすごくきりわたりたるに（ちょうど日の入りのときで、たいそうもの寂しく、霧が一面に立ち込めているときに）［更級］

【徒然《つれづれ》】しんみりとしたもの寂しさ。★明け暮れのもの思はしさ、つれづれをもうち語らひて（日々のもの思いや、しんみりとしたもの寂しさをも語り合って）［源氏］

【侘《わ》びし】（思い通りにならぬ失意を伴い）もの寂しい。心細い。★山里は秋こそことにわびしけれ鹿の鳴く音に目をさましつつ（山里は秋がとりわけもの寂しいものよ。鹿の鳴く悲しげな声に、度々目を覚まして）［古今］

心配・不安

【危《あや》ふし】

不安だ。気がかりだ。★轡・鞍の具に、あやふきことやあるとみて（馬の轡や鞍などの馬具に、気がかりなところはありはしないかと見て）［徒然草］

【案《あん》ず】

心配する。思い煩う。★思はじ事なう案じ続けて（思わないことはなく（考えられることすべてを）心配し続けて）［平家］

【いぶせし】

はっきりしなくて気がかりだ。★今一度かのなきがらを見ざらむが、いといぶせかるべきを（もう一度あの亡骸を見ないとしたら、それがひどく気がかりに違いないから）［源氏］

【後ろめたし】

気がかりだ。（物事の成り行きや人の目が）不安だ。★行く末心細くうしろめたき有様（将来が心細く気がかりな様子）［源氏］

【憂《う》れはし】

心配な状態だ。嘆かわしい。★あしひきの山田のそほづおのれさへ我をほしといふうれはしきこと（山田のかかしよ、おまえまでが私を妻にほしいという、嘆かわしいことよ）［古今］

【憂《うれ》ふ】

心配する。気遣う。★世の人安からずうれへあへる、げにことわりにも過ぎたり。（世の中の人が不安そうに心配し合っている、なるほど当然過ぎることであった。）［方丈記］

【おぼつかなし】

（はっきりせず）不安だ。★上の女房の、御方々いづこもおぼつかなからず参り通ふ（帝付きの女房で、お妃がたのどこへでも不安ではなく参上して出入りする）［枕草子］

【心《こころ》もとなし】

不安で落ち着かない。気がかりだ。★心もとなき日数重なるままに、白河の関にかかりて、旅心定まりぬ。（不安で落ち着かない日々が重なるうちに、白河の関にさしかかって、ようやく旅の覚悟が決まった。）［奥の細道］

【胸《むな》づはらし】

心配で胸が詰まるようである。★顔をつれづれながむれば、梅川いとどむなづはらしく（顔をつくづく眺めると、梅川はますます胸が詰まるようで）［冥途飛脚］

つまらない・醒める

【あいなし】

おもしろくない。つまらない。★世に語り伝ふること、まことはあいなきにや、多くはみな虚言なり。(世間に語り伝えていることは、真実はつまらないのであろうか、多くはみんなつくりごとである。)［徒然草］

【あぢきなし】

つまらない。努力の甲斐がない。★さしも危ふき京中の家を造るとて、宝を費やし、心を悩ますことは、すぐれてあぢきなくぞ侍る。(あれほど危険な都のなかに家を造るからといって、財産を減らし、神経を悩ますことは、まことにつまらないことでございます。)［方丈記］

【事《こと》醒《さ》む】

しらける。興が醒める。★酒宴ことさめて(酒宴も興醒めになって)［徒然草］

【凄《すさま》じ】

(場違いで)面白くない。興醒めだ。★梨の花、よにすさまじきものにして、近うもてなさず。(梨の花は、まったく面白くないものとして、身近には取り扱わない。)［枕草子］

【なでふことなし】

大したことのない。つまらない。★むかし、みちの国にて、なでふことなき人の妻に通ひけるに(昔、奥州で、大したことのない人の妻に男が通ったところ)［伊勢］

【佗《わ》びし】

興醒めだ。がっかりする。情けない。★前栽の草木まで心のままならず作りなせるは、見る目も苦しく、いとわびし。(庭の植え込みの草木まで自然のままでなく作りあげてあるのは、見た目も不快で非常に興醒めだ。)［徒然草］

つらい・苦しい

【憂《う》し】

つらい。苦しい。特に、自分自身の内にこもる気持ち。★人の行き通ふべき所にもあらざりければ、なほうしと思ひつつなむありける。（人が通っていくことができるような場所ではないので、ますますつらいと思っているのだった。）［伊勢］

【思《おも》ひ倦《う》んず】

つらく思う。不快に思う。★世の中をおもひうんじて（恋人の仲をつらく思って）［伊勢］

【心《こころ》憂《う》し】

つらい。情けない。心苦しい。★「あないみじ。心憂き目を見せ給ふかな」（「ああひどい。つらい目にあわせなさるのねえ」）［源氏］

【心病《こころや》む】

つらく思う。心を痛める。悩む。★いといたう心やみけり。（男のよこした和歌に）女はたいそうひどく心を痛めた。）［伊勢］

【つらし】

つらい。苦しい。特に、他人の仕打ちを恨む外に向かう気持ち。★見る目の前につらきことありとも（眼前で恨めしくつらいことがあっても）［源氏］

【泥《なづ》む】

悩み苦しむ。★この君、なづみて、泣きむつかり、明かし給ひつ。（この若君は、悩み苦しんで、泣いてすねて、一夜をお明かしになった。）［源氏］

【胸《むね》に釘《くぎ》打《う》つ】

心が痛む。苦痛である。★その夜、やがて胸に釘は打ちてき（その夜、すぐに心が痛んでしまった。）［大鏡］

【燃《も》え焦《こ》がる】

苦しみ悶える。恋い焦がれる。★年ごろ、もえこがれて、恋ひ嘆き思ひ思ひて（長年、恋に苦しみ悶えて、恋い慕って嘆き思い続けて）［夜の寝覚］

【悶《もだ》ゆ】

もがき苦しむ。★「何としてかは聞くべき」とて、もだえこがれ給ひけり。（「どうやって（都の話を）聞くことができようか」と言って、もがき苦しみじりじりなさった。）［平家］

【侘《わ》びし】

つらい。思うようにならず、やりきれない。★やうやう暑くさへなりて、まことにわびしくて、など、かからでよき日もあらむものを（だんだん暑くまでなってきて、とてもつらくて、どうして、こんなふうでなく（参詣に）よい日もあるだろうに）［枕草子］

【わりなし】

たまらなくつらい。何とも耐え難い。★節分違へなどして夜深く帰る、寒きこと、いとわりなく（節分の日の方違えなどして夜更けに帰るとき、寒いことは、まったく何とも耐え難く）〔枕草子〕

泣く・嘆く・涙

【打《う》ち時雨《しぐ》る】

涙に濡れる。涙ぐむ。★まみのあたりうちしぐれて、ひそみ居たり。（目もとのあたりが涙に濡れて、泣き顔をしていた。）〔源氏〕

【憂《うれ》ふ】

悲しみ嘆く。★天下の乱れんことを悟らずして、民間のうれふるところを知らざっしかば（国が混乱するだろうことを悟らないで、民衆が悲しみ嘆くことを察しなかったので）〔平家〕

【同《おな》じ枕《まくら》に伏《ふ》し沈《しづ》む】

一緒に泣き伏して、嘆きに沈む。★乳母の女房も同じ枕に伏し沈みにけり。（乳母の女房も（北の方と）一緒に泣き伏し、嘆きに沈んだのだった。）〔平家〕

【思《おも》ひ侘《わ》ぶ】

思い嘆く。★思ひわびさても命はあるものを憂きに堪へぬは涙なりけり（つれない人に対し思い嘆きながら命はあるものの、つらさに堪えきれないのは涙なのだなあ）〔千載〕

【託《かこ》つ】

恨み言を言い嘆く。★あだなる契りをかこち（恋人とのはかない約束を恨み嘆き）〔徒然草〕

【潮垂《しほた》る】

涙で袖が濡れる。★いと悲しうて、人知れずしほたれけり。（たまらなく悲しくて、人知れず涙で袖が濡れたのだった。）〔源氏〕

【潮《しほ》どく】

涙を流す。嘆き悲しむ。★五月の五月雨にもあはれにてしほどけ暮らし（五月の五月雨に比べてももの悲しくて嘆き悲しんで暮らし）〔栄花〕

【袖に湊《みなと》の騒《さわ》ぐ】

（港に波が打ち寄せるように）袖に涙が激しく流れる。★思ほえず袖にみなとのさわぐかな（思いがけず袖に涙がはげしく流れることだなあ）［伊勢］

【袖《そで》の時雨《しぐれ》】

袖を濡らす涙。涙を雨にたとえる。★野山のけしき、まして袖の時雨をもよほしがちに（野や山の様子は、なおさら袖を濡らす涙を誘いがちで）［源氏］

【袖《そで》の露《つゆ》】

袖を濡らす涙。涙を露にたとえる。★我のみはたちも帰らぬ暁にわきても置ける袖の露かな（私だけが立ち帰ったわけでもない暁なのに、私だけに置いた袖の露のように泣き帰ったのだなあ）［後撰］

【空嘆《そらなげ》き】

嘆くふりをすること。


【袂《たもと》を絞《しぼ》る】

涙で濡れた袖を絞る。激しく泣くこと。★法衣の袂をしぼりつつ、都へ帰り上られける。（僧衣の袂を涙で濡らしながら、都へと帰っていかれた。）［平家］

【泣《な》き返《かへ》る】

激しく泣く。泣きに泣く。★なきかへる声ぞきほひて聞こゆなる（激しくなく声は、まるで競っているように聞こえる）［蜻蛉］

【泣《な》き沈《しづ》む】

泣き崩れる。泣き伏す。★御簾捲き上げて、端に誘ひ聞こえ給へば、女君泣きしづみ給へる。（御簾を巻き上げて縁側にお誘い申し上げなさると、姫君は泣き伏していらっしゃる。）［源氏］

【泣《な》き響《とよ》む】

泣き叫ぶ。泣き騒ぐ。★なきとよむ声、いかづちにも劣らず。（大勢の者が泣き叫ぶ声は、雷鳴にも劣らない。）［源氏］

【泣《な》きののしる】

泣きわめく。大声で泣く。★人々どよみて泣きののしる程（人々が大声で騒いで泣きわめく様子）［栄花］

【嘆《なげ》きわたる】

長い間ずっと嘆く。★あやしくもなげきわたるか人の問ふまで（おかしなことに長い間ずっと嘆き続けることだなあ、人が（どうしたのかと）尋ねるほどに）［萬葉］

【伏《ふ》し沈《しづ》む】

悲しみに暮れる。★闇にくれて伏ししづみたまへるほどに（嘆きの闇の中に心が暗く沈んで悲し

みに暮れなさっているうちに）[源氏]

悩む

【思《おも》ひ砕《くだ》く】

あれこれと思い悩む。さまざまに思案する。★ただこの人のみおもほし給へば、ちぢに思ひくだくれど（ひたすらこの人ばかりをお思いになると、さまざまに思い悩むが）[宇津保]

【思《おも》ひ乱《みだ》る】

あれこれと思い悩む。★面さへ赤みてぞおもひみだるるや（顔まで赤くしてあれこれと思い悩んだことだ）[枕草子]

【思《おも》ひ煩《わづら》ふ】

思い悩む。★幼き者などもありしに、おもひわづらひて（女は幼い子などもいたので、思い悩んで）[源氏]

【泥《なづ》む】

悩み苦しむ。★舟もわが身もなづむけふかな（舟も行き悩み、私の身も悩み苦しむ今日なんだなあ）[土佐]

【乱《みだ》る】

心を乱す。思い悩ます。★今さらに心を乱るも、いといとほしげなり。（今あらためて（出家の）心を乱すのも、たいへん気の毒な様子である。）[源氏]

【胸《むね》を潰《つぶ》す】

胸がつぶれるほど思い悩む。衝撃を受ける。★この憎き御心のやまぬに、ともすれば御むねをつぶし給ひつつ（この（光の君の）困ったご執心に、（藤壺は）ともすればお胸が潰れるほど思い悩みなさりながら）[源氏]

【物思《ものおも》ふ】

物思いにふける。思い悩む。★月のおもし

ろく出でたるを見て、常よりもものおもひたるさまなり。(〈かぐや姫は〉月が趣深く出ているのを見て、いつもよりも物思いにふけっている様子である。)[竹取]

熱中する・夢中になる

【面《おもて》も振《ふ》らず】

わきめも振らず。★おもてもふらず、命をしまず、ここを最後と攻めたたかふ(わきめもふらず、命も惜しまず、ここを最後と攻め戦う)[平家]

【心《こころ》を尽《つ》くす】

精魂を傾ける。心のすべてを込める。★おほくのたくみの心を尽くしてみがきたて(多くの工人が精魂を傾け磨きたて)[徒然草]

【逸《はや》る】

興に乗る。夢中になる。★化粧はやりたりとは見ゆや(化粧に夢中になっていると見えるよ)[落窪]

【物《もの》も覚《おぼ》えず】

無我夢中だ。★右近はものも覚えず、君につと添ひ奉りて、わななき死ぬべし。(右近は無我夢中で夕顔の君にじっと寄り添い申し上げ、震え死にそうである。)[源氏]

馬鹿にする

【欺《あざむ》く】見くびる。★小勢なりといへども、あざむきがたし（少人数といっても見くびりがたい）〔太平記〕

【侮《あなづ》る】軽蔑する。★人にあなづらるるもの（人に軽蔑されるもの）〔枕草子〕

【卑《いや》しむ】見下す。★寺僧、憎み卑しみて（僧たちは嫌い見下して交わることもない）〔宇治拾遺〕

【貶《おとし》む】さげすむ。★めざましきものにおとしめ、そねみ給ふ（（桐壺更衣を）気に食わない者としてさげすみ、妬みなさる）〔源氏〕

【思《おも》ひ侮《あなづ》る】軽く考える。★寄せて降るべきものとおもひあなづりたるに（車を建物に寄せて降りられると軽く考えていたところ）〔枕草子〕

【思《おも》ひ貶《おと》す】見下す。★今ひとりをば、ことのほかにおもひおとしたりければ（もう一人を、ことのほかに見下していたので）〔宇治拾遺〕

【思《おも》ひ腐《くた》す】心のなかでけなす。軽蔑する。★望みふかきを見て、無下に思ひくたすは僻事なり。（欲が深いのを見て、（その人を）むやみに軽蔑するのは間違いである。）〔徒然草〕

【軽《かろ》む】軽く見る。★殿の人も、ゆるさずかろみいひ（内大臣のお屋敷の人も、（この屋敷の者と）認めず軽く見て言い）〔源氏〕

【弄《ろう》ず】からかう。★ろうじて詠みてやれりける（からかって詠んで送った歌）〔伊勢〕

恥ずかしい

【面《おもて》置《お》かむ方《かた》無《な》し】

恥ずかしくてどうにも顔向けできない。★おもておかんかたなくぞおぼえ給ふや。(恥ずかしくて顔向けができないとお思いになるのか。)[源氏]

【面《おも》無《な》し】

面目ない。恥ずかしい。★齢の積もりにはおもなくこそなるわざなりけり。(年をとると(みすぼらしくなって)面目なくなるものなのですね。)[源氏]

【傍《かたは》ら痛《いた》し】

きまりが悪い。(周囲の人を意識し)気恥ずかしい。★かやうのことこそは、かたはらいたきことのうちに入れつべけれど(このようなことは、きまりが悪いことの中に加えてしまうべきだけれども)[枕草子]

【かはゆし】

恥ずかしい。きまりが悪い。見るにしのびない。★いたく思ふままのことかはゆくもおぼえて(あまりに自分の思っているままのことでは恥ずかしくも思われて)[右京大夫集]

【消《き》え入《い》る】

恥ずかしくて身の置き所がない。★弁のおもとといふに伝へさすれば、きえいりつつ、えも言ひやらねば(弁のおもとという女房に取り次がせると、恥ずかしくて身の置き所がなく何も言えないので)[枕草子]

【慎《つつ》まし】

気恥ずかしい。きまりが悪い。★幼ければ、ふと言ひ寄らむもつつましけれど(幼いので、突然話しかけることも気恥ずかしいけれど)[源氏]

【恥《は》ぢがまし】

外聞が悪い。恥ずかしい。★はぢがましく、心憂き事のみありて(外聞も悪く、情けないことばかりあって)[徒然草]

【恥《は》づかしげなり】

恥ずかしそうだ。★いと、わづらはしくはづかしげなる御まみを(たいそう気づかいされて、恥ずかしそうなお目つきを)[源氏]

【まばゆし】

きまりが悪い。恥ずかしい。★御殿油なれば、髪の筋なども、なかなか昼よりも顕証に見えて、まばゆけれど(御殿油なので、髪の毛の筋なども、かえって昼よりもはっきりと見えて恥ずかしいが)[枕草子]

【やさし】

(身が細るほど)消え入りたく恥ずかしい。きまりが悪い。★昨日今日、御門ののたまはむことにつかむ、人聞きやさし。(ほんの昨日

今日、帝がおっしゃることに従うとしたら、世間への手前きまりが悪い。)〔竹取〕

ほしい

【あらまほし】

あってほしい。好ましい。★少しのことにも先達はあらまほしきことなり。(ちょっとしたことであっても、指導者はあってほしいものである。)〔徒然草〕

【かくしもがも】

こういうふうであってほしい。こうありたい。★万代にかくしもがも(永久にこういうふうであってほしい)〔日本書紀〕

【好《この》もしがる】

心ひかれ欲しがる。★うべ、かぐや姫このもしがりたまふにこそありけれ(なるほど、かぐや姫が心ひかれ欲しがりなさるほどのものだよ)〔竹取〕

【欲《ほ》りす】

欲しがる。望む。★いにしへの七の賢しき人たちもほりせしものは酒にしあるらし(昔の竹林の七賢人も欲しがったものは、酒であるらしい)〔萬葉〕

満足

【飽《あ》かず】
飽きることがない。いやになることがない。★愛敬ありて、言葉多からぬこそ、あかず向かはまほしけれ。（やさしさがあって、口数の多くない人こそ、飽きることなくずっと向かい合っていたいものだ。）［徒然草］

【飽《あ》き足《だ》る】
十分に満足する。★ほととぎすいや懐かしく聞けどあきだらず（ほととぎすはことさらに懐かしく、いくら聞いても満足することはない）［萬葉］

【飽《あ》き満《み》つ】
十分に満足する。★あきみちて舟こどもは腹鼓をうちて（ごちそうを食べ）満足して、水夫たちはお腹を鼓のように打ち鳴らして）［土佐］

【百千足る】
十分に満ち足りている。★ももちだる家庭も見ゆ（十分に満ち足りている家々も見える）［古事記］

むなしい・無駄

【徒《あだ》なり】
空虚で中身がない。はかない。無意味。★会はでやみにし憂さを思ひ、あだなる契りをかこち（会わないで終わってしまったつらさを思い、はかない約束を恨み嘆き）［徒然草］

【徒《いたづ》らなり】
期待に反しつまらない。むなしい。無駄だ。★花の色は移りにけりないたづらにわが身世にふるながめせし間に（桜の花の色は色あせてしまったよ。私がむなしくこの世で時を過ごし物思いにふけっている間に、長雨に打たれて）［古今］

【甲《か》斐《ひ》無《な》し】
どうにもならない。無駄である。★足摺りをして泣けども、かひなし。（地団駄を踏んで泣い

たが、どうにもならない。）〔伊勢〕

【詮《せん》無《な》し】

しかたない。無益だ。★ひとり、「さもなかりしものを」と言はんもせんなくて（自分一人が「そうでもなかったのに」と言ったとしたら、それもしかたないので）〔徒然草〕

【果《はか》無《な》し】

頼りない。むなしい。あっけない。★桜ははかなきものにて、かく程なくうつろひさぶらふなり。（桜はあっけないものであって、このようにすぐ散ってしまうのです。）〔宇治拾遺〕

【空《むな》し】

からっぽだ。無駄だ。はかない。★世の中は空しきものと知る時しいよよますます悲しかりけり（この世はむなしいものだと悟ったときに、私はよりいっそう、悲しいことよ）〔萬葉〕

【益《やく》無《な》し】

無益である。甲斐がない。意味のない。★改めてやくなきことは、改めぬをよしとするなり。（改めても意味のないことは改めないのをよいとするのである。）〔徒然草〕

笑う

【頤《おとがひ》を放《はな》つ】

顎を外すほど、大きく口を開けて笑う。★諸人おとがひをはなちて笑ひたるに（人々が顎を外すほど大きく口を開けて笑っていたところ、）〔宇治拾遺〕

【片《かた》笑《ゑ》む】

微笑する。★君も少し片笑みて（光の君も少し微笑まれて）〔源氏〕

【笑《ゑ》まし】

ほほえましい。★見るにゑましく、世の中忘るる心地ぞし給ふ。（（光の君の）姿を見るとほほえましく、つらい世の中を忘れる気持ちがしなさる。）〔源氏〕

【笑《ゑ》まふ】

にこにこする。ほほえむ。★情には思ひ誇

りてゐまひつつ渡る間に（心のなかでは誇りに思って、ほほえみながら月日を過ごす間に）［萬葉］

【笑《ゑ》み栄《さか》ゆ】顔中に笑みを浮かべる。★老い忘れ齢延ぶる心地してゐみさかえて（老いを忘れ、寿命が延びる気持ちがして顔中に笑みを浮かべて）［源氏］

【笑《ゑ》み広《ひろ》ごる】満面に笑みを浮かべる。笑い崩れる。★伊勢の海うたひたまふ御声のあてにをかしきを、女ばら物の背後に近づき参りて、ゑみひろごりてゐたり。（伊勢の海をおうたいになる（匂宮の）お声が気品高く素晴らしいので、女房たちは物の後ろに近寄り参って、満面に笑みを浮かべ座っている。）［源氏］

【笑《ゑ》み曲《ま》ぐ】嬉しくて笑いがこぼれる。表情が崩れるほど顔がほころぶ。★口は耳もとまでゑみまげてゐたり。（口は耳元まで曲がるほど、表情を崩し笑っていた。）［落窪］

【笑《ゑ》む】ほほえむ。にっこりする。★少しゑみ給へる御顔、言はむかたなくうつくしげなり。（少しほほえんでいらっしゃるお顔は、言いようもなくかわいらしい。）［源氏］

【ゑ笑《わら》ふ】声を立てて笑う。★つつましげならず、物言ひ、ゑわらふ。（遠慮しているふうでもなく、物を言って、声を立てて笑う。）［枕草子］

さまざまな「美しい」

【きよらなり】澄んだ美しさ、輝くばかりの美しさを表す。平安時代では第一級の美を表し、『源氏物語』の光の君も「きよらなる玉の男御子」と言われている。

【きよげなり】清潔感のある、すっきりとした美しさを表す。平安時代では「きよらなり」に次ぐ美。

【うるはし】きちんと整った美しさを表す。端整で欠けたところのない、やや堅苦しさすら感じる美。

様子

鮮やか

【あざあざと】際立ってはっきりと。★波にも洗はれず、あざあざとしてぞ見えたりける（波にも消されず、際立ってはっきりと見えた）［平家］

【あざらかなり】新鮮だ。★あざらかなるものもて来たり（新鮮なもの（鮮魚）を持ってきた）［土佐］

【けざけざと】際立ってはっきりと。★けざけざと物清げなるさま（際立ってはっきりと美しい様子）［源氏］

【けざやかなり】はっきりしている。★朝日いとけざやかにさし出でたるに（朝日がたいそうはっきりと輝き出したときに）［枕草子］

あやしい

【怪《あや》しげなり】不審な様子だ。★会ふ者、見る人、あやしげに思ひて（会う人や見る人が不審な様子だと思って）［蜻蛉］

【怪《あや》む】怪しく思う。★気色をばあやめて人の咎むとも（様子を怪しんで人が咎めても）［山家］

【いぶかし】不審である。疑わしい。★横笛の五の穴は、いささかいぶかしき所の侍るかと（横笛の五の穴については、少々不審な点がありますかと）［徒然草］

【けし】不審だ。変だ。★この女かく書きおきたる

を、けしう（この妻がこう（歌を）書き置いたのを、（男は）不審に思って）［伊勢］

【けしからず】

怪しい。異様だ。「けし」を打ち消しながら、「けし」を強調した語。★これは人なり。さらに非常のけしからぬ物にあらず。（これは人だ。決して得体の知れない怪しい物ではない）［源氏］

【気色《けしき》あり】

不気味だ。怪しい。★けしきある鳥の空声に鳴きたるも（怪しい鳥がしゃがれ声で鳴いているのも）［源氏］

【気色《けしき》覚《おぼ》ゆ】

不気味さを感じる。奇妙だと思う。★かく人がちなるにだにけしきおぼゆ。（このように人が数多くいる所でさえも、不気味さを感じる。）［大鏡］

いい加減・適当

【徒《あだ》なり】

中身がなくいい加減だ。★確かに御枕上に参らすべき祝ひの物にて侍る。あなかしこ、あだにな。（確かに枕元に差し上げねばならない、祝いのものです。決して、いい加減に扱ってはなりません。）［源氏］

【おほぞうなり】

おおざっぱだ。ありふれた。★かやうにおほぞうなる御厨子などに打ち置き散らし給ふべくもあらず（このようにありふれた御厨子などに放り込んでおかれるはずもなく）［源氏］

【凡《おほ》ろかなり】

いい加減だ。おおざっぱだ。★大夫の行くとふ道そおほろかに思ひて行くな大夫の伴（立派な武人が行くという道だ。いい加減に思って行くな、武人のお供たちよ）［萬葉］

【斜《なの》めなり】

いい加減だ。おざなりだ。★世を斜めに書き流したることばのにくきこそ（世間をいい加減に書き流している言葉づかいが、いやで）［枕草子］

いばる・得意げ

【思《おも》ひ上《あ》がる】

誇りを持つ。自負する。（現代と異なり、称賛の意味も含む）★われはとおもひあがり給へる御方々（我こそはと自負していらっしゃったお方たち）〔源氏〕

【心高《こころだか》し】

気位が高い。思い上がっている。★世に知らず、こころだかく思へるに（〈入道は〉世の中に例を見ないほど、気位高く思っているので）〔源氏〕

【したり顔《がほ》】

得意顔。★清少納言こそ、したりがほにいみじう侍りける人（清少納言こそ、得意げな顔で偉そうにしていた人）〔紫式部〕

【誇りかなり】

誇らしげだ。得意げだ。★気色誇りかに、もの思ひなげなるさま（得意げに、もの思いがない様子で）〔源氏〕

【誇《ほこ》る】

自慢する。得意げにする。★浦島の子が堅魚釣り、鯛釣りほこり（浦島の子がかつおを釣り、たいを釣って得意げにし）〔萬葉〕

【身《み》褒《ぼ》め】

自慢。自分で自分を褒める。

美しい

【あえかなり】

か弱い。華奢。たおやかで美しい。★あえかに見え給ひしも（か弱くお見えになったのも）〔源氏〕

【優《いう》なり】

優れて美しい。★かぐや姫のかたちいうにおはすなり。（かぐや姫の容貌はすばらしく美しくいらっしゃるそうだ。）〔竹取〕

【厳《いつく》し】

端正で美しい。★めでたくいつくしき女（すばらしく端正で美しい女）〔今昔〕

【うるはし】

きちんと整って美しい。★同じ小柴なれど、うるはしうしわたして（同じ小柴垣だが、きちんと

綺麗に作りめぐらして)〔源氏〕

【艶《えん》なり】

しっとりと美しい。★霧のまよひは、いとえんにぞ見えける。(霧に紛れた姿は、実にしっとりと美しく見えるのであった。)〔源氏〕

【清《きよ》げなり】

すっきりとして美しい。★いときよげなる僧の、黄なる地の袈裟着たる(たいそうすっきりとして美しい僧侶で、黄色い地の袈裟を着た人)〔更級〕

【清《きよ》し】

澄んで美しい。★月読の光はきよく照らせれど(月の光は澄んで美しく輝いているが)〔萬葉〕

【清《きよ》らなり】

華やかで美しい。輝くように美しい。★装束のきよらなること、物にも似ず(天人たちの装束が華やかで美しいこと、たとえようもない)〔竹取〕

【きらきらし】

美しく整っていること。★腰細のすがる娘子のその姿のきらきらしきに(腰の細いじがばちのような乙女の、その容姿が美しく整っているうえに)〔萬葉〕

【きららかなり】

輝くように美しい。★よき人の、のどやかに住みなしたる所は、(中略)今めかしくきららかならねど(身分も高く教養もある人が、ゆったりと住んでいる所は、(中略)今風でもなくきらびやかでもないが)〔徒然草〕

【くはし】

細やかで美しい。麗しい。上代語。★走り出のよろしき山の出で立ちのくはしき山ぞ(山並みののびる形がよい山で、そびえている姿が麗しい山よ)〔萬葉〕

【名《な》ぐはし】

名が美しい。よい名である。名高い。★なぐはしき印南の海の沖つ波(名前も美しい印南の海の沖の波)〔萬葉〕

【艶《なま》めかし】

優美だ。優雅だ。★なまめかしきもの。ほそやかに清げなる君達の直衣姿。(優美なもの。ほっそりしていてすっきりと美しい貴公子たちの直衣姿。)〔枕草子〕

【艶《なま》めく】

みずみずしくて美しい。★その里にいとなまめいたる女はらから住みけり。(その里にとてもみずみずしくて美しい姉妹が住んでいた。)〔伊勢〕

【匂《にほ》ひやかなり】

つややかに美しい。★いとにほひやかに、うつくしげなる人の(たいそうつややかで美しく、か

わいらしい人が)〔源氏〕

【まばゆし】
まぶしいほど美しい。★いとまばゆきまでねびゆく、人のかたちかな。(本当に輝くほど美しいまでに成長していく、その人の姿であるなあ。)〔源氏〕

【らうらうじ】
上品で美しい。★らうらうじうあいぎやうづきたる(ほととぎすの声の、上品で美しく魅力のあるのは)〔枕草子〕

【をかし】
美しい。優美だ。愛らしい。★けづることをうるさがり給へど、をかしの御髪や。(とかすことを面倒がりなさるけれど、美しい御髪だこと。)〔源氏〕

愚か

【愚《お》れ愚《お》れし】
愚かだ。ぼんやりしている。★もとより、おれおれしく、たゆき心のおこたりに(生まれつきぼんやりとしていて、ぐずな性質のせいでの怠慢で)〔源氏〕

【頑《かたくな》なり】
無教養だ。愚かだ。★ことにかたくななる人ぞ「この枝かの枝散りにけり。今は見どころなし」などは言ふめる。(とくに無教養な人が「この枝もあの枝も花は散ってしまった。今は見る価値がない」などと言うようだ。)〔徒然草〕

【愚《ぐ》痴《ち》なり】
愚かでものの道理がわからない。★ぐちにして悟るところなし。(愚かであって、悟ることがない。)〔今昔〕

【心《こころ》浅《あさ》し】
思慮が浅い。★年ごろ、あなづり聞こえける心あさき人々(長年の間、(姫たちを)馬鹿にし申し上げてきた思慮の浅い人々)〔源氏〕

【心《こころ》後《おく》れ】
心の働きが劣っており、思慮が足りないこと。★貌みにくく、こころおくれにして出で仕へ(顔かたちが醜く、思慮の足りない身で出仕して)〔徒然草〕

【拙《つたな》し】
愚かだ。劣っている。★和御許のつたなくて、この盗人をば逃がしつるぞ。(おまえが愚かだから、この泥棒を逃がしてしまったのだぞ。)〔今昔〕

【をこがまし】
馬鹿げている。いかにも愚かに見え、みっ

ともない。★世俗の虚言をねんごろに信じたるも、をこがましく（世間の嘘を正直に信じているのも、馬鹿げていて）［徒然草］

【をこなり】

間が抜けている。馬鹿げている。★行きかかりてむなしう帰らむ後ろ手も、をこなるべし。（出かけていって無駄骨を折って帰ってくる後ろ姿も、間が抜けているだろう。）［源氏］

賢い

【心賢《こころかしこ》し】

賢明だ。利発だ。気が利く。★もとより御心かしこくおはします人は、かかる死ぬべききはみにも御心を騒がさずして（もともと賢明でいらっしゃる人は、このような死に直面した場合でも気を動転させることなく）［今昔］

【心《こころ》疾《と》し】

察しがいい。よく気がつく。★こころとく詠めるもめでたし。（察しよく歌を詠んだというのも素晴らしい。）［俊頼髄脳］

【才《ざえ》】

学識。教養。★ざえ深き師に預け聞こえ給ひてぞ（学識の深い師に（夕霧を）預け申し上げなさって）［源氏］

【才々《ざえざえ》し】

いかにも学識がありそうだ。★ただ走り書きたる趣の、ざえざえしく、はかばかしく（ほんの走り書きをした趣旨の手紙が、いかにも学識がありそうで、しっかりしていて）［源氏］

【賢《さか》し】

理性的で賢明だ。★国の守眼さかしくして、この主は不実の者、この男は正直の者と見ながら（国守はものの見方が賢明であって、この主人は不実の者、この男は正直者と判断したが）［沙石集］

【長々《をさをさ》し】

しっかりしている。★若ければ、文もをさをさしからず、言葉も言ひ知らず。（若いので、手紙の書き方もしっかりしていないし、言葉も適切な使い方を知らない。）［伊勢］

かわいい

【愛敬《あいぎやう》】かわいらしさ。魅力。★愛敬おくれたる人の顔などを見ては（かわいらしさが足りない人の顔などを見ては）［枕草子］

【愛《あい》らし】かわいらしい。★御目は細々として、あいらしくおはしますぞや。（（姫の）お目々はほっそりとしていて、かわいらしくいらっしゃいますよ。）［沙石集］

【うつくし】かわいい。愛らしい。特に小さいものへのかわいさ。★うつくしきもの。瓜にかきたるちごの顔。（かわいらしいもの。瓜にかいた子どもの顔。）［枕草子］

【うつくしげなり】いかにもかわいらしい様子だ。★いと匂ひやかに、うつくしげなる人の（実につやつやと、いかにもかわいらしい様子の方が）［源氏］

【愛《かな》し】しみじみとかわいい。特に身近なものに対する、かわいくてたまらない様子。★妻子見ればかなしくめぐし（妻や子供を見ると愛しくかわいい）［萬葉］

【心《こころ》をかし】性格がかわいらしい。★心をかしく、人馴れたるは、あやしう懐かしき物になむはべる。（（猫の）性格がかわいらしく、人に馴れているのは、不思議と心惹かれるものでございます。）［源氏］

【しをらし】控えめでいじらしい。可憐だ。★御物腰しをらしく、また世の中かかる女臈もあるものかと（言葉遣いも控えめでいじらしく、また世の中にこのような女性もいるものだろうかと）［好色一代女］

【らうたげなり】いかにもかわいらしい。★つらつきいとらうたげにて（顔つきがたいそうかわいらしくて）［源氏］

【らうたし】かわいらしい。弱い者を守りたい、労りたいというかわいさ。★をかしげなる児の、あからさまに抱きて遊ばしうつくしむほどに、かい付きて寝たる、いとらうたし。（愛らしい赤ん坊が、ちょっと抱いてあやしてかわいがっていると、（私に）しがみついて寝てしまったのはとてもかわいらしい。）［枕草子］

軽率

【奥無《あうな》し】

深い考えがない。浅はかだ。★怪しくあうなく、人の思はむ所も知らぬ人にて（見苦しく浅はかで、人の考えていることもわからない人で）［源氏］

【淡々《あはあは》し】

いかにも軽薄だ、浮ついている。★あはあはしう悪きこと（いかにも軽薄でいけないこと）［枕草子］

【うちつけなり】

軽率だ。無分別だ。★うちつけにやおぼさむと、心恥づかしくてやすらひ給ふ。（（光の君は）軽率だとお思いになるのではと、気が引けてためらっていらっしゃる。）［源氏］

【軽々《かろがろ》し】

軽薄だ。軽はずみだ。★かろがろしきそしりをや負はむ。（軽はずみだという非難を受けはしないだろうか。）［源氏］

【心幼《こころをさな》し】

思慮が浅い。幼稚だ。★こころをさなく、竜を殺さむと思ひけり。（思慮が浅く、竜を殺そうと思った。）［竹取］

【たやすし】

軽率である。軽々しい。★たやすく打ち出でんもいかがとためらひけるを（軽率に言い出すのもどうかと躊躇していたのを）［徒然草］

【逸《はや》りかなり】

軽率だ。せっかちだ。★侍従とて、はやりかなる若人（侍従といって、せっかちな若い女房が）［源氏］

【無心《むしん》なり】

分別がない。考えが浅い。★まろなどに、さることいはむ人、かへりて無心ならむかし。（私などに、そんな歌などを詠みかける人は、かえって分別がないというものでしょう。）［枕草子］

謙虚・控えめ

【埋《う》もれ甚《いた》し】

引っ込み思案だ。内気すぎる。★心ばへなど、はた、うもれいたきまで（気立てなど、これもまた内気すぎるほど）〔源氏〕

【奥深《おくふか》し】

奥ゆかしい。★いとおくふかく、心恥づかしき御もてなしにて（とても奥ゆかしく、気後れするような御扱いで）〔源氏〕

【心《こころ》にくし】

奥ゆかしい。上品で美しい。★心にくき限りの女房四五人さぶらはせ給ひて（奥ゆかしい女房だけを四、五人そばにお仕えさせになり）〔源氏〕

【慎《つつ》ましげなり】

遠慮がちだ。★ただ名乗るをいささかつつましげならずいふは（その人の実名を少しも遠慮がちでもなく言うのは）〔枕草子〕

すごい・素晴らしい

【有《あ》り難《がた》し】

めったにないほど優れている。★取りためけん用意ありがたし。（（のこぎりのくずを）取ってためておいたのだろう心遣いは、めったにないほど素晴らしい。）〔徒然草〕

【優《いう》なり】

優れていて立派だ。★かぐや姫のかたちいうにおはすなり。（かぐや姫の容貌は素晴らしく優れていらっしゃるそうだ。）〔竹取〕

【言《い》ふも世《よ》の常《つね》】

言っても世間並みの表現にしかならず、言葉では言い尽くせない。★なほいみじうめでたしといふもよのつねなり。（なんといっても本当に素晴らしいと言っても世間並みに過ぎず、言葉では言

い尽くせないのである。）［枕草子］

【言《い》ふ由《よし》無《な》し】

言いようもなく素晴らしい。★さる晴れに出でて、いふよしなく見え給ふ。（このような広々としたところに出て来て、（光の君は）言いようもなく素晴らしくお見えになる。）［源氏］

【えも言《い》はず】

言いようもないほど素晴らしい。★えもいはぬ匂ひの、さと薫りたるこそ、をかしけれ。（言いようもないほど素晴らしい匂いが、さっと香ってきたのは趣深い。）［徒然草］

【心恥《こころは》づかし】

（気後れするほど相手が）立派である。優れている。★こころはづかしき人住むなる所にこそあなれ。（立派な人が住んでいる所であるようだ。）［源氏］

【心勝《こころまさ》り】

思っていたより優れていると感じる。★いよいよこころまさりしてめでおぼしめしけり。（いっそう（その女を）思っていたよりも優れていると感じていとしくお思いになった。）［古今著聞集］

【殊《こと》なり】

特に優れている。格別だ。★かくことなることなき人を率ておはして、時めかし給ふこそ（このように特に優れていることもない人を連れておいでになって、ちやほやなさるのは）［源氏］

【こよなし】

格別だ。この上なく優れている。★人にもてかしづかれて、隠るること多く、自然にそのけはひこよなかるべし。（（高貴な姫君は）人に大事に育てられて、欠点が隠れることも多く、自然とその様子も格別に優れているだろう。）［源氏］

【双無《さうな》し】

（比較する具体的なものがあるとき）比べるものがないほど素晴らしい。★園の別当入道はさうなき庖丁者なり。（園の別当入道は、素晴らしい料理人である。）［徒然草］

【凄《すご》し】

ぞっとするほど素晴らしい。★おどろおどろしからぬも、なまめかしく、すごくおもしろく（仰々しくないのも、優雅で、ぞっとするほど素晴らしく趣があり）［源氏］

【類無《たぐひな》し】

並ぶものがない。最も優れている。★たぐひなくめでたく覚えさせ給ひて（この上もなく素晴らしいとお思いになって）［竹取］

【憎《にく》し】

憎らしいほど見事だ。あっぱれだ。★にく

い剛の者かな。（あっぱれな勇者だなあ。）［保元］

【恥《は》づかし】

こちらが恥ずかしくなるほど立派だ。★はづかしき人の、歌の本末問ひたるに、ふとおぼえたる、我ながらうれし。（気恥ずかしくなるほど立派な人が、歌の上の句と下の句を尋ねたとき、さっと思い出したのは、我ながら嬉しい。）［枕草子］

【又《また》無《な》し】

この上ない。二つとない。★年の暮れはてて、人ごとにいそぎあへるころぞ、またなくあはれなる。（年の瀬が押し詰まって、人が忙しそうにしあっている頃は、この上なく感慨深い。）［徒然草］

【めでたし】

見事だ。立派だ。素晴らしい。★藤の花は、しなひ長く、色濃く咲きたる、いとめでたし。（藤の花は、花房のしだれが長く、色が濃く咲いているのが、とても素晴らしい。）［枕草子］

【わりなし】

この上なく優れている。何とも素晴らしい。★優にわりなき人にておはしけり。（優雅でこの上なく優れている人でいらっしゃった。）［平家］

尊い・畏れ多い

【貴《あて》なり】

身分が高い。高貴だ。上品。★世界の男、あてなるもいやしきも、いかでこのかぐや姫を、得てしがな、見てしがなと（世の中の男たちは、身分が高い人も低い人も「どうにかしてこのかぐや姫を、手に入れたいなあ、結婚したいなあ」と）［竹取］

【おほけなし】

畏れ多い。★おほけなくも琉球国の世子と仰がれ（おそれ多くも琉球の国の王位を継ぐ王子として尊敬されて）［椿説弓張月］

【重々《おもおも》し】

いかにも地位や身分が高い。★おもおもしうて、常にしも参り給はず（いかにも身分が高くて、常には参上なさらず）［源氏］

【畏《かしこ》し】
畏れ多い。★かけまくもあやにかしこし(口にだすのもまったく畏れ多い)[萬葉]

【忝《かたじけ》なし】
有難い。もったいない。★かたじけなき御心ばへのたぐひなきをたのみにて(もったいない帝のご愛情が比べるものがないほど強いのを頼りにして)[源氏]

【気《け》高《たか》し】
身分が高い。近寄りがたいほどに高貴だ。★したり顔にけたかう、いみじうは思ひためれ。((出世した人は)得意顔で、身分高く大したものだと思っているようだ。)[枕草子]

【やむごとなし】
高貴だ。尊ぶべきだ。★いとやむごとなききはにはあらぬが(それほど高貴な身分ではない方で)[源氏]

【よし】
高貴だ。身分が高く教養がある。★まことによき人のし給ひしを見しかば、心づきなしと思ふなり。(本当に高貴な方が(品のないことを)なさったのを見たので、気に食わないと思うのだ。)[枕草子]

ひそか・秘密

【忍《しの》びやかなり】
ひそやかだ。こっそりと。★待つ人ある所に、夜少し更けて、しのびやかに門たたけば(待つ人が居る所に、夜が少し更けて、こっそりと門をたたくので)[枕草子]

【密《みそ》かなり】
こっそり振る舞っている。ひそかに。★みそかに花山寺におはしまして(こっそりと花山寺にいらっしゃって)[大鏡]

評判・評価

【聞《き》こえ】

噂。評判。★このこと、世にきこえ高くなりてけり。(この(女の美しい)ことが、世間で評判となってしまった。)[今昔]

【無《な》き名《な》】

身に覚えのない噂。特に、恋の噂。★こりずまにまたもなきなは立ちぬべし(性懲りもなく、またも身に覚えのない恋の噂が立ってしまうに違いない)[古今]

【人《ひと》聞《ぎ》き】

世間での評判。外聞。

【響《ひび》き】

世間の騒ぎ。評判。噂。★かの明石の舟、このひびきにおされて(あの明石の上の舟が、この(光の君参詣の)騒ぎに圧倒されて)[源氏]

【世《よ》の覚《おぼ》え】

世間の評判。★よのおぼえはなやかなる御方々にも劣らず(世間の評判が華やかな御方々にも見劣りすることもなく)[源氏]

【世《よ》の聞《き》こえ】

世間の評判。★二条の后に忍びて参りけるを、よのきこえありければ(二条の后のもとにお忍びで伺っていたのを、世間の評判が立ったので)[伊勢]

古い

【ことふる】

言い古される。事柄が古くなる。★言ひつづくれば、みな源氏物語・枕草子などにことふりにたれど(このように言い続けると、みな『源氏物語』『枕草子』などに言い古されてしまっているが)[徒然草]

【さぶ】

古びて趣が出る。★岩に苔むしてさびたる所なりければ(岩に苔がむして、趣が出ている所であったので)[平家]

【ひねひねし】

盛りが過ぎている。古びている。★あなひねひねしわが恋ふらくは(ああもう古びてしまった、私の恋することは)[萬葉]

【旧《ふ》りす】古びていく。★恋しきことのふりせざるらむ（恋する気持ちは、どうして古びていかないのだろう）〔拾遺〕

奮う

【勢《いきほ》ふ】活気づく。勇み立つ。★もの騒がしきまで人多くいきほひたり。（騒々しいまでに人が多くて活気づいていた。）〔更級〕

【弥《いや》立《た》つ】ますます心を奮い立たせる。上代語。★我をおきて人はあらじといやたて思ひしまさる（帝の護衛をするのは）私をおいては他にいるまいと、ますます心を奮い立たせ、その決意が強まる）〔萬葉〕

【思《おも》ひ起《お》こす】気力を奮い起こす。★からうじておもひおこして弓矢を取りたてむとすれども（やっとのことで気力を奮い起こして弓矢を取り構えようとするけれども）〔竹取〕

【逸《はや》る】勇み立つ。勢いづく。★いみじうはやる馬にて（たいそう勇み立った馬で）〔大鏡〕

【振《ふ》り起《お》こす】奮い立たせる。★ますらをの心ふりおこし取り装ひ門出をすれば（立派な男子が心を奮い立たせ身支度して出発すると）〔萬葉〕

珍しい

【有《あ》り難《がた》し】

めったにない。珍しい。また、★ありがたきもの。舅にほめらるる婿。また、姑に思はるる嫁の君。（めったにないもの。舅に褒められる婿。また、姑にかわいがられるお嫁さん。）［枕草子］

【稀《け》有《う》なり】

不思議だ。めったにない。★物を繰り出すやうに言ひ続くる程ぞ、まことにけうなるや（糸か何かを順々に引き出すように次から次へと話し続ける様子は、本当に不思議であるよ）［大鏡］

【珍《めづら》かなり】

めったにない。風変わりだ。★めづらかなるちごの御かたちなり。（めったにない（ほど素晴らしい）若宮のご容貌だ。）［源氏］

易しい

【左《さ》右《う》無《な》し】

無造作だ。簡単だ。★しやつが首さうなう切るな（あいつの首を、簡単に切るな）［平家］

【掌《たなごころ》を指《さ》す】

容易であるさま。★足羽の城を拉がん事、隻手の中にありと、人皆たなごころをさす思ひをなせり。（足羽の城を取り潰すことは、片手の中にあるようなものだと、人々はみな容易であるという思いをしていた。）［太平記］

【たやすし】

簡単だ。★打ち割らんとすれどたやすく割れず（（鼎を）叩き割ろうとするが、簡単に割れない。）［徒然草］

優しい

【心《こころ》有《あ》り】

情けがある。思いやりがある。★三輪山をしかも隠すか雲だにも心あらなも隠さふべしや（三輪山をそんなにも隠すのか。せめて雲だけでも情けがあってほしい。そんなにずっと隠し続けてよいものか）［萬葉］

【和《なご》し】

穏やかである、和やかである。★さばかりなごかりつる海とも見えずかし（あれほど穏やかだった海とも見えないよ）［枕草子］

【情《なさ》け立《だ》つ】

いかにも情愛があるように振る舞う。★わざとならねど、なさけだち給ふ若人は（特別深い関係ではないが、（夕霧に）いかにも情愛があるように振

る舞いなさる若い女房たちは)〔源氏〕

【情《なさ》け情《なさ》けし】

情愛や思いやりがいかにも深い。★人のためになさけなさけしきところおはしましけるに(他人のために思いやりがいかにも深いところがおありになるが)〔大鏡〕

【情《なさ》け深《ふか》し】

思いやりの心が深い。★情け深う芳心おはしつるこそ、ありがたううれしけれ。(思いやりの心が深く親切にしていただいたことは、めったにない嬉しいことだ。)〔平家〕

【なよびかなり】

ものやわらかで優しい。★なよびかに女しと見れば(ものやわらかで優しく女らしいと見ると)〔源氏〕

【なよよかなり】

(衣類がやわらかなように)弱々しくものやわらかだ。★なよよかにをかしばめる事を(ものやわらかで風流めいていることを)〔源氏〕

優雅

【優《いう》なり】

上品で美しい。優雅だ。★なほ事ざまの優に覚えて、物の隠れよりしばし見ゐたるに(それでもやはり(ここに住む人の)ことや様子が優雅に感じられ、物陰からしばらく見続けていると)〔徒然草〕

【おくゆかし】

洗練されていて上品だ。★なかなかなまめかしうおくゆかしう思ひやられ給ふ。(かえって優美で洗練され上品に自然と推察されなさるのである。)〔源氏〕

【艶《なま》めかし】

優美だ。優雅だ。★なまめかしきもの。ほそやかに清げなる君達の直衣姿。(優美なもの。ほっそりしていてすっきりと美しい貴公子たちの直衣姿。)〔枕

草子］

【雅《みやび》かなり】上品で優雅だ。★はなやぎみやびかなり。（（女法師は）陽気で、上品で優雅である。）［枕草子］

【雅《みやび》やかなり】
→【雅かなり】★生まれだちみやびやかにて（生まれつき上品で優雅であって）［雨月］

【やさし】しとやかで上品だ。★いと若やかに愛敬づき、やさしきところ添ひたり。（とても若々しくかわいらしく、しとやかなところが加わっている。）［源氏］

よい

【思《おも》はし】好ましい。望ましい。★声にくからざらむ人のみなむおもはしかるべき。（声の感じが悪くない人だけが好ましいものだ。）［枕草子］

【かしこし】たいへんよい。上手だ。都合がよい。★風吹かず、かしこき日なり。（風も吹かず、よい日だ。）［源氏］

【好《この》まし】感じがよい。★情けあり、このましう、人に知られなどしたる人（人情を解し、感じがよく、人に知られたりしている人）［枕草子］

【便《びん》よし】都合がよい。条件がよい。★双の岡のびんよき所に埋みおきて（双の岡の都合のよい場所に埋めておいて）［徒然草］

【よし】よい。★いづれをよしあしと知るにかは。（どれがよい、悪いと判断するのだろうか、いやわかりはしない。）［枕草子］

【よろし】（消極的に、まあ）よい。悪くもない。★笠うち着、足ひき包み、よろしき姿したる者（笠をかぶり、足を脚絆でくるみ、まあまあの格好をした人）［方丈記］

悪い

【悪《あ》し】悪い。★いづれをよしあしと知るにかは。(どれがよい、悪いと判断するのだろうか、いやわかりはしない。)[枕草子]

【けしからず】よくない。不都合だ。★よき人のおはします有様などのいとゆかしきこそ、けしからぬ心にや。(高貴なお方の日頃の様子などを知りたくてたまらないのは、よくない心だろうか。)[枕草子]

【さがなし】性格が悪い。★春宮の女御のいとさがなくて(皇太子の母の女御が、とても性格が悪くて)[源氏]

【腹汚《はらぎたな》し】ひねくれて意地が悪い。★御前わたりも見苦しなど仰せらるれど、はらぎたなきにや、告づる人もなし。(中宮も、みっともないなどとおっしゃるが、意地が悪いせいか、本人に知らせる人もいない。)[枕草子]

【便悪《びんあ》し】都合が悪い。条件が悪い。不便だ。★びんあしく狭きところにあまたあひゐて(不便で狭い所に大勢一緒にいて)[徒然草]

【まさなし】よくない。不都合だ。★何をか奉らむ。まめまめしき物は、まさなかりなむ(何を差し上げようか。実用的なものは、きっとよくないだろう)[更級]

【無下《むげ》なり】これ以上にないほどよくない。最悪だ。★殊勝のことはご覧じとがめずや。むげなり。(こんな素晴らしいことを見てお気づきにならないのか。あまりにひどい。)[徒然草]

【よこしま】正しくない。邪悪。★鬼神はよこしまなし。(鬼神は邪悪ではない。)[徒然草]

【悪《わろ》し】(どちらかというと)悪い。よくない。★男も女も、ことばの文字いやしうつかひたるこそ、よろづのことよりまさりてわろけれ。(男でも女でも、言葉遣いを下品に使ったのは、どんなことにもましてよろしくない。)[枕草子]

さまざまな「かわいい」

【うつくし】小さいものに対し「愛らしい」と眺め愛でるようなかわいさを表す。『枕草子』でも「小さきものはみなうつくし」と書かれている。

【らうたし】幼い者、弱い者に対し手を差し伸べ、いたわってやりたいという気持ちのこもったかわいさ。

【かなし】切なく愛おしいと思う気持ちのこもったかわいさ。妻や娘といった、身近で親密な間柄に対して使うことが多い。

動作

会う

【あひみる】

対面する。★父母にもあひみず。（父母にも対面しない。）［源氏］

【あふ】

出会う。巡りあう。★もの心細くすずろなる目を見ることと思ふに、修行者あひたり。（なんとなく心細く、思いがけないひどい目にあうことよと思っていると、修行者が（我々と）出会った。）［伊勢］

【対面《たいめ》】

面と向かって会うこと。★さても、うれしくたいめしたるかな。（それにしても、嬉しく対面したことであるよ。）［大鏡］

【星《ほし》合《あ》ひ】

七夕の夜、牽牛星と織女星とが会うこと。


【見《まみ》ゆ】

お目にかかる。お会いする。★ただ姉と相まみえむとおもひて（ただ姉上様にお目にかかろうと思って）［日本書紀］

【見《み》ゆ】

会う。対面する。★後は坊の内の人にもみえず、こもりゐて（その後は、僧坊の中の人にも会わずに閉じこもっていて）［徒然草］

謝る

【諾《うべな》ふ】

謝罪する。


【怠《おこた》り】

失敗を詫びること。謝罪。★泣く泣くおこたりを言へど、答へをだにせで（泣きながら謝罪を述べたけれど、返事をさえしないで）［堤中納言］

【怠《おこた》り文《ぶみ》】

謝罪の手紙。


【謝《しゃ》す】

詫びる。謝罪する。★霊剣のたたりなりとして、罪を謝して（霊剣のたたりだとして、罪を詫びて）［平家］

【罪去る】

謝罪する。★後にもつみさり申し給ひてむ。(後日にでも謝罪し申し上げなされたほうがよいでしょう。)[源氏]

【侘《わ》ぶ】

詫びる。謝る。★「ただ許し給はらむ」とわびければ(「ともかく許しをいただきたい」と謝ったので)[宇治拾遺]

言う

【論《あげつら》ふ】

いろいろ言い合う。★善悪是非をあげつらひ(よい悪いを議論し)[玉勝間]

【いはく】

言うことには。★師のいはく「初心の人、二つの矢を持つことなかれ。(後略)」と言ふ。(師匠が言うことには「弓の初心者は、二本の矢を持ってはならぬ。(後略)」と言う。)[徒然草]

【言《い》ひ屈《くん》ず】

愚痴を言う。しょげて言う。★「夜の程に消えぬらむこと」と言ひくんずれば(雪の山が夜のうちに消えてしまうようなことは」としょげて言うと)[枕草子]

【言《い》ひ知《し》らず】

言い尽くせない。★などいひしらむ思ひ添ふらむ(なぜ言い尽くせない(あなたへの)思いが募るのだろうか)[古今]

【言《い》ひ継《つ》がふ】

言葉にして継承する。★言霊の幸はふ国と語り継ぎ、いひつがひけり(言霊の力が幸福をもたらす国と語り継ぎ、言葉にして言い伝えてきた)[萬葉]

【言《い》ふ】

言葉で表現する。言う。話す。★桃李ものいはねば、誰とともにか昔を語らん。(桃やすももはものを言わないのだから、誰と共に昔を語ろうか、いや語れない。)[徒然草]

【言《い》へば得《え》に】

言おうとすると言うことができなくて。★いへばえにいはねば胸に騒がれて(言おうとする

とうまく言えず、言わなければ胸が苦しくて)〔伊勢〕

【掻《か》き口説《くど》く】 くどくどと言う。★涙を流しかきくどかれければ(涙を流して、くどくどと言われるので)〔平家〕

【口《くち》さがなし】 悪口や噂を言って慎みがない。★人の口さがなくて(世間の人は慎みなく噂するので)〔源氏〕

【口慣《くちな》る】 言い慣れる。口癖になる。★いかでかくくちなれ給ひけむ。(どうしてこのように言い慣れなさったのだろう。)〔源氏〕

【口《くち》の端《は》にかく】 口に出して言う。噂話をする。★このごろ、童べのくちのはにかけたるあやしの今様歌どもを(最近、子どもたちがよく口にしている聞き苦しい流行歌を)〔狭衣〕

【崩《くづ》し出《い》づ】 少しずつ話し出す。ぽつりぽつりと話す。★ややくづしいでつつ、問はず語りもしつべきが(しだいに少しずつ話し出しながら、(そのうち)きかれないこともきっと語るに違いないことが)〔源氏〕

【言承《ことう》け】 (本心ではなく)口先だけの承諾。★都の人はことうけのみよくて、実なし。(都の人は口先だけの返事だけ感じよくて、誠実さがない。)〔徒然草〕

【言種《ことぐさ》】 口癖。決まり文句。★常のことぐさに言ひけるを(ふだん口癖のように言ったのを)〔伊勢〕

【言問《ことと》ふ】 ものを言う。言葉を交わす。★こととはぬ木すら妹と兄ありとふを(ものを言わない木ですら、妹と兄がいるというのに)〔萬葉〕

【言《こと》に出《い》づ】 口に出して言う。★いとあはれとものを思ひしみながら、ことにいでても聞こえやらず(まことにしみじみと世の悲しみを感じながらも、それを口に出して申し上げることもせず)〔源氏〕

【ささめく】 ひそひそと話す。★「この中将に扇の絵のことを言へ」とささめけば(「この中将に扇の絵のことを言いなさい」とささやくと)〔枕草子〕

【しひごと】 事実を曲げて言うこと。

【のる】 言う。告げる。(特に、呪いや正式な発言など、むやみに口にすべきでないことに使う。）★母は問ふともその名はのらじ（母が尋ねたとしても、（恋人の）その名は言うまい）［萬葉］

【蜂《はち》吹《ぶ》く】

ふくれっ面で文句を言う。★「何しに参りつらむ」と、はちぶく。（「（私は）何をしに参ったのでしょう」と、ふくれっ面で文句を言う。）［源氏］

【独《ひと》りごつ】

独り言を言う。つぶやく。★「明け侍りぬなり」とひとりごつを（「夜が明けたようでございます」と独り言を言うのを）［枕草子］

思う・考える

【打《う》ち案《あん》ず】

思案を巡らす。考え込む。★義時、とばかり打ち案じて（義時は、しばらく思案を巡らして）［増鏡］

【覚《おぼ》ゆ】

思われる。感じられる。★心あらん友もがなと、都恋しうおぼゆれ。（情趣を解する友がいたらなあと、都が恋しく思われる。）［徒然草］

【思《おも》ひ顔《がほ》】

……と思っている顔つき。★いぎたなしとおもひがほにひきゆるがしたる（寝坊だと思っている顔つきで引いて揺り動かすのは）［枕草子］

【思《おも》ひ連《つら》ぬ】

（いろいろなことを）次々と考える。★憂きことをおもひつらねて（つらいことを、次々と考えて）［古今］

【おもひみる】

よく考える。あれこれ思いめぐらす。★梓弓引きみゆるへみおもひみて（梓弓を引いたり緩めたりするように、あれこれ思いをめぐらせて）［萬葉］

【思《おも》ひ分《わ》く】

判断する。★ともかくもおもひわかれず（どうにもこうにも判断できず）［源氏］

【慮《おもんぱか》り】

思慮。★慮りなく言ふまじきことを口とく言ひ出し（思慮がなく言うべきでないことをすぐ言い出し）［十訓抄］

【見《み》ゆ】

思われる。考えられる。★十ばかりにやあ

らむとみえて(十歳ぐらいであろうかと思われて)[源氏]

聞く・音

【聞《き》き知《し》り顔《がほ》】

聞いてわかっているような顔。★「大納言の姫君」と呼びしかば、ききしりがほに鳴きて(「大納言の姫君」と(猫を)呼ぶと、それがわかっているような顔で鳴いて)[更級]

【聞《き》き耳《みみ》】

聞いた感じ。★おなじことなれども、聞き耳ことなるもの(同じ言葉であるけれども、聞いた感じが違うもの)[枕草子]

【空音《そらね》】

鳴き真似。実際にない音を聞いたように思う空耳。★忍びたるほととぎすの、遠くそらねかとおぼゆばかり(ひっそり鳴くほととぎすの声が、遠くて空耳かと思われるばかりに)[枕草子]

【枕《まくら》を欹《そばだ》つ】

枕から頭を上げ、耳を澄ます。★枕をそばだてて四方の嵐を聞き給ふに(枕から頭を上げ耳を澄まし、あたりを激しく吹く風をお聞きになると)[源氏]

【耳《みみ》に逆《さか》ふ】

聞いて不愉快になる。★ついで悪しきことは、人の耳にもさかひ(折の悪い事柄は、他人が聞いても不愉快になり)[徒然草]

【耳《みみ》旧《ふ》る】

耳がなれる。聞きなれる。★興ある朝夕の遊びに耳ふり(興趣ある朝夕の管弦の遊びに聞きなれ)[源氏]

【耳《みみ》を傾《かたぶ》く】

熱心に聞き入る。注意して聞く。★「何とか、何とか」と耳をかたぶけ来るに(「何ですって、何ですって」と熱心に聞きに来るのに)[枕草子]

決める

【掟《おき》つ】

あらかじめ決めておく。★仏などのおきて給へる身なるべし。（仏様などが前もって決めておきなさった私の身なのだろう。）〔源氏〕

【思《おも》ひ置《お》く】

前もって心に決めておく。★出でむとおもひおきしかど（寺を）出ようと、心に決めておいたけれど）〔蜻蛉〕

【思《おも》ひ定《さだ》む】

よく考えて決める。★かうのみいましつつのたまふことを、おもひさだめて（このようにおいでになってはおっしゃる（求婚の）ことを、よく考えて決めて）〔竹取〕

【思ひ立つ】

決心する。思い立つ。★人の運命の傾かんとては、必ず悪事をおもひたち候ふなり。（人の運命が傾こうとするときには、必ず悪いことを決心するのでございます。）〔平家〕

【心《こころ》を起《お》こす】

気持ちを奮い起こす。決心する。★君も強ひて御こころをおこして、心のうちに仏を念じ給ひて（光の君も）無理にお気持ちを奮い起こして、心のなかで仏を思い祈りなさって）〔源氏〕

来る

【おはす】

いらっしゃる。おいでになる。★御供にむつましき四五人ばかりして、まだ暁におはす。（お供に親しい者四、五人ほど連れて、まだ夜が明けきらぬうちにおいでになる。）〔源氏〕

【来《き》たる】

やって来る。★生まれ死ぬる人、いづかたよりきたりて、いづかたへか去る。（この世に生まれ死んでいく人は、どこからやって来て、どこへ去っていくのだろうか。）〔方丈記〕

【まうづ】

参上する。★かくしつつ、まうでつかうまつりけるを（このようにしながら参上してお仕え申し上げると）〔伊勢〕

【見《み》ゆ】

姿を見せる。★さてもかばかりの家に、車入らぬ門やはある。みえば笑はむ。（それにしても、これほどの家に牛車の入らない門があろうか、いやない。来たら笑ってやろう。）［枕草子］

結婚する

【あふ】

結婚する。★この世の人は、男は女にあふことをす。（この世の人は、男は女と結婚することをする。）［竹取］

【通《かよ》ふ】

（男が女の家に）通う。結婚する。★むかし男、みそかに通ふ女ありけり。（昔、男がこっそりと通う女がいた。）［伊勢］

【契《ちぎ》る】

夫婦となる約束をする。


【妻問《つまど》ふ】

求婚する。★さを鹿の妻問ふ時に（鹿が妻を求めて鳴く時に）［萬葉］

【所顕《ところあらは》し】

平安時代、結婚三日後に開いた披露宴。


【三日夜《みかよ》の餅《もちひ》】

平安時代、結婚三日目の夜に新郎新婦が新婦の家で食べる祝餅。


【見《み》ゆ】

結婚する。妻になる。★いかならむ人にもみえて、身をも助け、幼き者どもをもはぐくみ給ふべし。（どのような男であっても結婚して、あなたの身を守り、幼い子たちもお育てになるがよい。）［平家］

【見《み》る】

結婚する。恋人や夫婦として関係を結ぶ。★わが知る人にてある人の、はやうみし女のこと、ほめ言ひ出でなどするも（自分が今付き合っている人が、以前関係のあった女性のことを褒めて口に出すなどするのも）［枕草子］

【よばふ】

求婚する。★女のえ得まじかりけるを、年を経てよばひわたりけるを（女で結婚できそうになかった人を、何年も求婚し続けていたのを）［伊勢］

探す

【漁《あさ》る】

あちらこちら探し求める。★掘らぬ所もなく山をあされども（掘り起こさない所もないほど山中を探し求めるけれども）［徒然草］

【探《あなぐ》る】

探す。探る。詮索する。★因りて山をあなぐる。（そこで山を探す。）［日本書紀］

【たづぬ】

ありかを捜し求める。★「……飛ぶやうに逃げける」と申し出でて、この男をたづぬるに（「……飛ぶように逃げた」と申し出たので、この男を捜し求めると）［更級］

死ぬ

【相対死《あひたいじに》】

江戸時代、心中で死ぬこと。


【徒《いたづ》らになる】

死ぬ。一生が台無しになる。★「……」と書きて、そこにいたづらになりにけり。（「……」と書いて、そこで死んでしまった。）［伊勢］

【いぬ】

（婉曲表現で）死ぬ。★うち嘆き妹がいぬればば（運命を嘆きながら菟原処女が死ぬと）［萬葉］

【岩隠《いはがく》る】

（貴人が）亡くなる。上代語。★神さぶといはがくります（神らしくお亡くなりになった（大君が））［萬葉］

【言《い》ふ甲斐《かひ》なくなる】

何を言っても甲斐のない、死んだような状態になる。死ぬ。★いふかひなくなりぬるを見給ふに、やる方なくて（夕顔が）死んだような状態になってしまったのをご覧になると、心を晴らしようもなくて）〔源氏〕

【失《う》す】

いなくなる。婉曲表現で死ぬ。★その人、ほどなく失せにけりと聞きはべりし。（その人は間もなく亡くなってしまったと聞きました。）〔徒然草〕

【薄墨衣《うすずみごろも》】

薄い墨色に染めた衣。喪服。


【隠《かく》る】

隠れる。（婉曲表現で）死ぬ。★左の大臣の御母の菅原の君かくれ給ひけるときに（左大臣のご母堂の、菅原の君がお亡くなりになったとき）〔大和物語〕

【形見《かたみ》の色《いろ》】

喪服の色。にびいろ。★形見の色かへぬもあり。（喪服を着替えない者もいる。）〔源氏〕

【甲斐《かひ》無《な》くなる】

どうにもならなくなる。（婉曲表現で）死ぬ。★かひなくなりたまはば、なかなかなることをや思はん。（あなたがどうにもならなくなり亡くなってしまわれたら、かえって悲しい思いをするでしょう。）〔源氏〕

【消《き》え失《う》す】

姿が消えてなくなる。死ぬ。★きえうせ給ひにし事をおぼしいづるに（お亡くなりになってしまったことをお思い出しになると）〔源氏〕

【雲隠《くもがく》る】

（婉曲表現で、特に貴人が）死ぬ。★ももづたふ磐余の池に鳴く鴨を今日のみ見てや雲隠りなむ（磐余の池で鳴く鴨を見るのも今日だけで、もう私はいわれなく処刑され雲間に隠れるのだろうか）〔萬葉〕

【事切《ことぎ》れ】

命の終わり。


【恋死《こひし》ぬ】

恋焦がれて死ぬ。★吾待たむはや帰りませこひしなぬとに（私は待つことにしよう。早く帰ってきてくださいませ。恋い焦がれて死なないうちに）〔萬葉〕

【避《さ》らぬ別《わか》れ】

避けられない別れ。死別。★世の中に避らぬ別れのなくもがな（世の中に、死という別れがなかったらなあ）〔伊勢〕

【絶《た》ゆ】

息絶える。死ぬ。★玉の緒よ絶えなば絶えねながらへば忍ぶることの弱りもぞする（私の命よ、絶えてしまうのなら絶えてしまえ。生きながらえたら、人に知られないように耐えていた力が弱って、（恋心が人に知られてしまって）いけないから）〔新古今〕

【野辺《のべ》の煙《けぶり》】

火葬の煙。死を連想するもの。★いかなる野辺のけぶりにて（どのような火葬の煙となって）〔新古今〕

【はかなくなる】

死ぬ。★いといたく思ひ嘆きて、はかなくなり侍りにしかば（（女は）たいそうひどく思い悲しんで死んでしまいましたので）〔源氏〕

【身罷《みまか》る】

あの世へ行く。死ぬ。★妹のみまかりける時詠みける（恋人が亡くなったとき詠んだ歌）〔古今〕

【空《むな》しくなる】

亡くなる。★むなしくなりし音こそつきせね（亡くなった人の（吹いた笛の）音色は、いつまでも伝えられていく）〔源氏〕

【世《よ》近《ちか》し】

余命わずか。死が近い。★今はむげによぢかくなりぬる心地して（今はひどく死が近くなってしまった気がして）〔源氏〕

出家する

【頭《かしら》下《お》ろす】

頭髪を切ったり剃ったりして、僧・尼になる。★比叡の山にのぼりて、かしらおろしてけり。（比叡山にのぼって出家した。）〔古今〕

【形《かたち》を変《か》ふ】

剃髪する。出家する。★かたちをかへてむと思したつを（出家して尼になってしまおうと思いたちなさるのを）〔源氏〕

【様《さま》変《か》はる】

出家して姿が変わる。★今はとてさまかはるは悲しげなるわざなれば（もうこれまでと言って出家するのは悲しいことなので）〔源氏〕

【世《よ》を捨《す》つ】

俗世を捨て出家する。★世を捨てたる法師（俗世を捨ててしまった法師）［源氏］

【世《よ》を背《そむ》く】

俗世を捨て出家する。★世をそむける草の庵（俗世を捨てた草の庵）［徒然草］

【世《よ》を離《はな》る】

俗世を捨て出家する。★かくよをはなるるさまにものし給へば（このように俗世を捨てた（尼の）姿でいらっしゃるので）［源氏］

責める・非難する

【言《い》ひ消《け》つ】

非難する。★をこにも見え、人にもいひけたれ（愚かにも見え、人にも非難され）［徒然草］

【さいなむ】

責め立てる。叱る。★馬の命婦をもさいなみて（馬の命婦をも責め立てて）［枕草子］

【難《なん》ず】

非難する。とがめる。★人の短きをそしり、したる事をなんじ（他人の欠点を悪く言い、したことを非難し）［十訓抄］

耐える

【思《おも》ひ念《ねん》ず】

心に堪え忍ぶ。★ただしばしおもひねんじて、皇子の御世を待ち給へ。（ただしばらくの間堪え忍んで、皇子の御世を待ちなさい。）［浜松中納言］

【堪《た》ふ】

我慢する。こらえる。★寂しさにたへたる人のまたもあれな庵並べむ冬の山里（寂しさに堪えている人が（私以外に）いるといいなあ。（その人と）庵を並べよう、この冬の山里で）［新古今］

逃げる

【後《うし》ろを見《み》す】

敵に背中を見せて逃げる。負けて逃走する。★まさなうも敵に後ろを見せさせ給ふものかな。（卑怯にも敵にお背中を見せて逃げなさるものだなあ）［平家］

【聞《き》き逃《に》げ】

（音や噂を聞くだけで）恐れて逃げること。★これはききにげし給ひたり。（この平家の軍勢は、物音を聞いただけで恐れて逃げなさった。）［平家］

願う・祈る・頼む

【あいな頼《だの》み】

あてにならない期待。★過ぎにし方のやうなるあいなだのみの心おごりをだに（以前のようなあてにならない期待をする心のおごりさえ）［更級］

【入《い》り揉《も》む】

ぜひにと一心に祈り願う。★「……」といりもみ申して（「……」と一心に祈り願い申し上げて）［宇治拾遺］

【うけふ】

神に祈る。★うけひて寝れど夢に見え来ぬ（神に祈って寝たが（あなたは）夢に見えてこない）［萬葉］

【思《おも》ひ頼《たの》む】

頼りに思う。★天の下四方の人の大船のおもひたのみて（天下のすべての人々が頼りに思って）［萬葉］

【思《おも》ひ念《ねん》ず】

一心に祈る。★命ながくとこそおもひねんぜめ。（長生きするようにと一心に祈るがよい。）［源氏］

【こひねがふ】

強く願い望む。祈願する。★行く末長きことをこひねがふも（長生きすることを祈願するのも）［源氏］

【念《ねん》じ入《い》る】

心を込めて祈る。★額に手を当てて念じいりてをり。（額に手を当てて心を込めて祈っている。）［源氏］

寝る

【寝《い》汚《ぎたな》し】 ぐっすり寝込んでいる。寝坊である。★夜鳴かぬもいぎたなき心地すれども（夜鳴かないのもお寝坊な感じがするけれども）［枕草子］

【大《おほ》殿《との》籠《ごも》る】 おやすみになる。★親王、おほとのごもらで明かし給うてけり。（親王はおやすみにならないで、夜を明かしなさってしまった。）［伊勢］

【思《おも》ひ寝《ね》】 思い続けながら寝ること。★おもひねの夜な夜な夢に逢ふことを（あなたを思い続けながら寝る夜ごとに、夢であなたに逢うことを）［後撰］

【沓《くつ》を抱《いだ》く】（妻の父などが、夫の）沓を抱いて寝る。通い婚のため、通ってきた婿がとどまるのを願うことから。★殿おはしまいて、夜は御くつをいだき（新婦の親代わりの殿がいらして、夜には（新郎の）御沓を抱いて寝て）［栄花］

【空《そら》寝《ね》】 寝たふりをすること。★そらねをしつつ日高く大殿籠り（寝たふりをして日が高くのぼるまでおやすみになり）［源氏］

【潜《ひそ》まる】 眠りにつく。★物もものし給ばでひそまりぬ。（物も召し上がらず眠りについた。）［土佐］

【目《め》合《あ》ふ】（上下のまぶたが合うことから）眠る。★見し夢を逢ふ夜ありやと嘆く間に目さへあはでぞ頃も経にける（見た夢が正夢になって逢う夜があるだろうかと嘆く間に、眠れず時が経ったなあ）［源氏］

褒める

【言《い》ひ囃《はや》す】 褒めておだてる。★僧もいひはやしけるにやあらむ。（僧侶も褒めておだてたからだろうか。）［今昔］

【感《かん》じ喧《ののし》る】 感心し口々に褒めそやす。★帝よりはじめ感じののしられたまへど（天皇をはじめとして感心し口々に褒めそやしなさるが）［大鏡］

【誉《ほ》めなす】 褒め立てる。★己が好むかたにほめなすこそ、その人の日来の本意にもあらずやと覚ゆれ。（（故人について）自分が好きなように褒め立てるのは、その（亡くなった）人の日ごろの本心ではないだろうと思われる。）［徒然草］

【誉め喧る】

言葉に出して盛んに褒める。★人々みな占ひをほめののしりける。(人々はみな(当たった)占いを盛んに褒めた。)[今昔]

【愛《め》で覆《くつがへ》る】

大いに感嘆する。褒めちぎる。★名残さへとまりたる香ばしさを、人々はめでくつがへる。((薫の君が)お帰りになった後までも残り漂う香りを、女房たちは褒めちぎる。)[源氏]

【愛《め》で惑《まど》ふ】

大騒ぎして褒めそやす。とても感心する。★案を書きて書かせてやりけり。めでまどひにけり。(下書きを書いて、清書してつかわした。相手はとても感心してしまった。)[伊勢]

【愛《め》で揺《ゆ》する】

大騒ぎして褒める。★そのころ世にめでゆすりける。(当時、世間で大騒ぎして褒めたのであった。)[源氏]

待つ

【待《ま》ち顔《がほ》】

人を待っている様子。★山郭公の一声も、君の御幸を待ちがほなり。(山郭公の鳴く一声も、法皇のお越しを待っている様子だ。)[平家]

【待《ま》ち過《す》ぐす】

待ちながら時を過ごす。★ほど経ば、少しうち紛るることもやと、まちすぐす月日に添へて(時間が経てば、少し気が紛れることもあろうかと、(その日を)待ちながら過ごす時が経つにつれて)[源氏]

【待《ま》ち嘆《なげ》く】

待ちわびる。★頼む人の喜びのほどを、心もとなくまちなげかるるに(頼りに思う夫の(任官の)喜びを、落ち着かず待ちわびると)[更級]

【待《ま》ちわたる】

待ち続ける。★目をかけて待ちわたるに（（梅の木を）見守って待ち続けていたが）〔更級〕

【待《ま》ち侘《わ》ぶ】

待ちくたびれる。★あらたまの年の三年を待ちわびてただ今宵こそ新枕すれ（三年という年月、あなたの帰りを待ちくたびれて、今夜こそ初めて枕を交わすのです）〔伊勢〕

迷う

【思《おも》ひ惑《まど》ふ】

どうしたらいいか迷う。★朝霧の思ひまどひて（朝霧の中にいるように、どうしたらよいか迷って）〔萬葉〕

【彷徨《さまよ》ふ】

心が落ち着かず迷う。★色めかしう、さまよふ心さへ添ひて（好色めいて、迷う気持ちまでも加わって）〔源氏〕

見る

【打《う》ち守《まも》る】

じっと見つめる。★さすがにうちまもりて（やはり（若紫は尼君を）じっと見つめて）〔源氏〕

【垣間見《かいまみ》る】

ものの隙間からのぞき見る。★この男、かいまみてけり。（この男は（美しい姉妹の姿を）ものの隙間からのぞき見てしまった。）〔伊勢〕

【空目《そらめ》】

見間違え。★光ありと見し夕顔の上露にたそかれ時の空目なりけり（光り輝いていると見えた夕顔の上の露（のようなお顔）は、夕暮れ時の見間違えだったなあ）〔源氏〕

【と見《み》かう見《み》】

あっちを見たり、こっちを見たり。★門に出でてとみかうみみけれど（門を出てあちこち見渡したけれど）［伊勢］

【眺《なが》む】

見わたす。★向かひのつらに立ちてながめければ（向かい側に立って眺めていたので）［宇治拾遺］

【振《ふ》り放《さ》け見《み》る】

はるか遠くを仰ぎ見る。★天の原振りさけ見れば春日なる三笠の山に出でし月かも（大空をはるか遠く仰いで見ると月が出ているが、あれは故郷の春日にある三笠の山に出た月だなあ）［古今］

【見《み》初《そ》む】

初めて見る。★故宮の御山住みを見そめ給ひしよりぞ（亡き宮の御山住みを初めてご覧になってからというもの）［源氏］

【見果つ】

終わりまで見る。残らず見る。★この物語みはてむと思へど、見えず。（この物語を残らず読んでしまおうと思うけれど、見ることができない。）［更級］

【目《め》離《か》れ】

目が離れること。★思へども身をし分けねばめかれせぬ雪の積もるぞわが心なる（常におそばにいたいと思っているけれども、体を二つに分けられないので、目を離すことができないほど激しく雪が降り積もって（京に帰れないでいる）のが、私の気もちなのです）［伊勢］

わかれる

【暁《あかつき》の別《わか》れ】

女と夜を共にした男が、暁のころ女と別れて帰ること。


【飽《あ》かぬ別《わか》れ】

名残惜しい別れ。★今ぞ知るあかぬ別れの暁は君をこひぢに濡るるものとは（今こそわかる、名残惜しい別れとなる暁は、あなたを恋い慕う涙で泥となって濡れる道だとは）［後撰］

【己《おの》が衣々《きぬぎぬ》】

共寝をした恋人や夫婦の、朝の別れ。後朝。★おのがきぬぎぬなるぞ悲しき（朝それぞれ自分の衣を着る別れとなるのが悲しいことよ）［古今］

【袖《そで》の別《わか》れ】

袖を重ねて一緒に寝た恋人や夫婦が、袖を解いて別れること。★白妙の袖の別れを難みして（袖を解いて別れるのがつらいと思い）〔萬葉〕

【袖振《そでふ》る】

別れを惜しんで袖を振る。★わが袖振るを妹見けむかも（私が別れを惜しみ袖を振るのを、妻は見たであろうか）〔萬葉〕

【立《た》ち別《わか》る】

別れ行く。★立ち別れいなばの山の峰に生ふるまつとしきかば今かへりこむ（あなた方と別れ因幡の国に行くが、いなば山の峰に生える松のように、待つと聞けばすぐ帰ってこよう）〔古今〕

【行《ゆ》き別《あか》る】

別れて行く。解散する。★我賢げに物ひきしたため、ちりぢりにゆきあかれぬ。（我先に要領よく身支度し、散り散りに別れて行ってしまう。）〔徒然草〕

古典の「夜」

古典の世界では日没から一日が始まる。「ゆふべ（夕）」から「あした（朝）」の間、夜の時間帯が細かく分けられている。

平安時代の貴族の結婚形態は、男性が女性のもとに通う「妻問い婚」であった。男性は辺りが暗くなってから人目を忍んで女性の家に行き、夜半を共に過ごす。帰りも人に見られないよう、男性は夜明け前のまだ暗い「暁」には家を出ていた。早朝に別れねばならぬ悲しさやつらさを詠んだ歌も多い。ドラマは夜に起きているのだ。

情景

朝・夜明け

【暁《あかつき》】夜中から夜明け前の、まだ暗いころ。現代では東の空が明るくなるころ。★有明のつれなく見えしわかれより暁ばかり憂きものはなし(明け方の月のように、あなたが薄情に見えたあの別れから、夜明け前ほどつらいものはない)[古今]

【暁闇《あかつきやみ》】夜明け前、月がなく暗いころ。

【曙《あけぼの》】夜がほのぼのと明けるころ。★春はあけぼの。やうやう白くなりゆく山ぎは(春は夜明け方がよい。だんだんと白くなっていく空の、山のあたり)[枕草子]

【朝《あさ》さる】朝になる。★あさされば妹が手にまく鏡なす(朝になると妻が手に紐を巻いて持つ鏡のように)[萬葉]

【朝月夜《あさづくよ》】月の残る明け方。

【朝《あさ》な朝《あさ》な】毎朝。★鶯の鳴くなる声はあさなあさな聞く(鶯の鳴くような声は毎朝聞く)[古今]

【朝朗《あさぼらけ》】夜が明け、あたりがほんのりと明るくなるころ。★朝ぼらけ有明の月と見るまでに(しらじらと夜が明けるころ、明け方の月の光だと見えるほどに)[古今]

【朝《あさ》未《ま》だき】夜が明けきらないころ。朝早く。★朝未だき嵐の山の寒ければ(夜が明けきらぬころ、嵐山のあたりは寒いので)[拾遺]

【朝《あした》】早朝。また、翌朝。★雪のおもしろう降りたりし朝(雪が趣深く降り積もっていた朝)[徒然草]

【有明《ありあけ》】明け方。空に月が残ったまま夜が明けるころ。

【己《おの》が衣《きぬ》々《ぎぬ》】共寝をした恋人や夫婦の、朝の別れ。後朝。★おのがきぬぎぬなるぞ悲しき(朝それぞれ自分の衣を着る別れとなるのが悲しいことよ)[古今]

【彼《か》は誰時《たれとき》】

明け方のまだ薄暗いころ。★暁の彼は誰時に（明け方のまだ薄暗いころに）［萬葉］

【後朝《きぬぎぬ》】

二人の衣服を重ね共に寝た二人が、翌朝それぞれの服を着て別れること。また、その別れる朝。


【鶏鳴《けいめい》】

夜明け。鶏が鳴くころ。


【五更《ごこう》】

午前三時から午前五時ごろ。戌夜。


【東雲《しののめ》】

東の空がわずかに白むころ。★東雲の別れを惜しみ（明け方の後朝の別れを惜しんで）［古今］

【つとめて】

夜が明けたばかりの早朝。また、翌朝。★冬はつとめて。雪の降りたるは言ふべきにもあらず（冬は早朝（が趣深い）。雪が降り積もっているのは言うまでもない）［枕草子］

【払暁《ふつげう》】

もう少しで夜が明けきるころ。


【朗《ほが》ら朗《ほが》ら】

ほのぼのと夜が明ける。★東雲のほがらほがらと明けゆけば（明け方に空が白々と明けていくと）［古今］

【仄々《ほのぼの》】

ほのぼのと夜が明けるころ。★程やはあるべき、ほのぼのに寄せかけたりけるに（一刻もぐずぐずしていられようか、明け方に押し寄せたところ）［愚管抄］

【夜《よ》のほどろ】

夜が明け始めるころ。明け方。★夜のほどろ出でつつ来らく遍多くなればわが胸たち焼くごとし（夜の明け始めるころ別れて出てくることが度重なり、私の胸は切り裂き焼かれるようだ）［萬葉］

【黎明《れいめい》】

夜明け。

雨

【雨隠《あまごも》る】

長雨で家に閉じこもっている。★あまごもり物思ふ時に（長雨で家に閉じこもりもの思いをしている時に）［萬葉］

【卯《う》の時雨《ときあめ》】

朝の雨。


【卯《う》の花《はな》腐《くた》し】

陰暦五月の長雨。


【搔《か》き垂《た》る】

（雨や雪が）激しく降る。★いとど憂ふなりつる雪、かきたれ（ひどく心配していた雪が激しく降り）［源氏］

【片時雨《かたしぐれ》】

空の一方では時雨が降り、また一方では晴れていること。


【五月雨《さみだれ》】

陰暦五月の長雨。梅雨。★五月雨を集めてはやし最上川（降り続いた五月雨の水を集めて流れのはやい、最上川よ）［奥の細道］

【時雨《しぐ》る】

時雨が降る。★しぐれつつもみづるよりも（時雨が降る中で紅葉していくよりも）［古今］

【時雨《しぐれ》】

晩秋から初冬にかけて降ったりやんだりする、冷たい雨。★幾人かしぐれかけぬく勢田の橋（何人かの旅人が、急に降り出した時雨に濡れ勢田の橋を駆け抜けていく）［猿蓑］

【そほ降《ふ》る】

小雨がしとしと降る。後に「そぼ降る」とも。★三月のつごもりに、その日雨そほ降るに（陰暦三月末に、その日は雨がしとしと降るのに）［伊勢］

【長雨《ながめ》】

長く降る雨。和歌で「眺め（もの思いにふける）」と掛けて使う。★花の色は移りにけりないたづらにわが身世にふるながめせし間に（桜の花の色は色あせてしまったよ。私がむなしくこの世で時を過ごし物思いにふけっている間に、長雨に打たれて）［古今］

【肘笠雨《ひぢかさあめ》】

にわか雨。★肘笠雨とか降り来て、いとあわたたしければ（肘笠雨とかいうにわか雨が降ってきて、（人々は）たいそう慌ただしいので）［源氏］

【降《ふ》り明《あ》かす】

明け方まで降り続く。★雨は夜ひと夜ふりあかして（雨は一晩中、明け方まで降り続いて）〔大和物語〕

【降《ふ》り暮《く》らす】

一日中降り通す。★つれづれと降りくらして、しめやかなる宵の雨に（所在なく一日中降り通して、しっとり落ち着いた静かな宵の雨のために）〔源氏〕

【降《ふ》りみ降《ふ》らずみ】

（雨が）降ったりやんだり。★神無月降りみ降らずみ定めなき時雨ぞ冬のはじめなりける（陰暦十月、降ったりやんだり定まらない時雨は冬のはじまりであったよ）〔後撰〕

【村雨《むらさめ》】

断続的に激しく降って過ぎる雨。にわか雨。★むらさめの露もまだ干ぬ槇の葉に霧立ちのぼる秋の夕暮れ（にわか雨の露がまだ乾かず残る槇の葉のあたりに、霧が立ち上る秋の夕暮れだなあ）〔新古今〕

【遣らずの雨《あめ》】

帰ろうとする人を引き止めるように降る雨。


【夕《ゆふ》立《だ》つ】

夕立が降る。★にはかに空曇りて夕立ちぬ。（急に空が曇って、夕立が降った。）〔今昔〕

風

【暴風《あからしまかぜ》】

暴風。


【天《あま》つ風《かぜ》】

空を吹く風。★天つ風雲の通ひ路吹きとぢよ乙女の姿しばしとどめむ（空を吹く風よ、雲の中の道を吹いて閉ざしてしまえ。（帰り道を閉ざし）美しく舞う天女の姿を、しばらくひきとめよう）〔古今〕

【東風《あゆのかぜ》】

東風。上代の北陸方言。


【沖《おき》つ風《かぜ》】

沖を吹く風。★沖つ風吹きにけらしな（沖のほうで風が吹いたらしい）〔後拾遺〕

【小夜嵐《さよあらし》】

夜の嵐。


【野分《のわき》】

秋に吹く激しい風。今の台風。★野分のまたの日こそ、いみじうあはれにをかしけれ。(台風の翌日こそ、素晴らしくしみじみとして、興味深いものだ。)[枕草子]

【野分立《のわきだ》つ】

嵐のような風が吹く。★のわきだちて、にはかに肌寒き夕暮れのほど(嵐のような風が吹いて、急に肌寒くなった夕暮れの頃)[源氏]

【日方《ひかた》】

夏の季節風。東南の風。西南の風。日のあるほうから吹く風の意。


【毘藍婆《びらんば》】

世界の創生、また壊滅するときに吹くという大暴風。仏教語。


【辺《へ》つ風《かぜ》】

海辺を吹く風。


【山颪《やまおろし》】

山から吹き下ろす激しい風。★憂かりける人を初瀬の山颪よ激しかれとは祈らぬものを(つれなかったあの人を(私になびかせてくれとは祈ったが)、初瀬の山颪よ、山颪のように(つれなさが)激しくなれとは祈らなかったのに)[千載]

【四方《よも》の嵐《あらし》】

あたりを激しく吹く風。転じて、世間の強い風当たり。★枕をそばだてて四方の嵐を聞き給ふに(光の君は枕から頭を上げ耳を澄まし、あたりを激しく吹く風をお聞きになると)[源氏]

雷

【雷《いかづち》】

雷。


【神《かみ》】

雷。★かみさえいといみじう鳴り、雨もいたう降りければ(雷までとてもひどく鳴り、雨もひどく降ったので)[伊勢]

【雷鳴《かみな》りの陣《ぢん》】

平安時代、雷鳴が激しいとき、帝を守るために敷かれる警護の陣。


【鳴《な》る神《かみ》】

雷。雷鳴。

【霹靂神《はたたがみ》】

激しく鳴りとどろく雷。


【霹靂《はたた》く】

(雷が)激しく鳴り響く。★みな月の照りはたたくにも障らず来たり。(六月の日光が照りつけ雷が激しく鳴るのにも妨げられずやって来た。)[竹取]

霧・霞・靄

【朝霧《あさぎり》】

朝立ち込める霧。


【天霧《あまぎ》る】

雲や霧で、空一面が曇る。★花の色にあまぎる霞(花の色に染まって立ち込めた霞)[新古今]

【霧塞《きりふた》がる】

霧が立ち込め、辺りをさえぎる。★山の陰、いかに霧塞がりぬらむ。(山陰の住まいは、どんなに霧が立ち込め辺りをさえぎっているだろうか。)[源氏]

【白玉姫《しらたまひめ》】

霞のこと。


【夕霧《ゆふぎり》】

夕方に立ち込める霧。

雲

【天霧《あまぎ》る】

雲や霧などで、空一面が曇る。★ひさかたのあまぎる雪のなべて(空一面が曇る雪が一帯に)「古今」


【天雲《あまくも》】

天の雲。


【曇《くも》らはし】

空が曇っている。★空のけしきくもらはしく(空模様は曇りっぽく)「更級」


【雲居《くもゐ》】

雲。★わたの原漕ぎ出でてみればひさかたの雲居にまがふ沖つ白波(大海原に舟を漕ぎ出して見渡すと、雲と見間違えるほどの沖の白波であることよ)「詞花」


【片雲《へんうん》】

ちぎれ雲。★片雲の風に誘はれて漂泊の思ひやまず(ちぎれ雲が風に流されるように、私もさまよいたいという気持ちが抑えられず)「奥の細道」


【密雲《みつうん》】

厚く重なった雲。


【叢雲《むらくも》】

集まりまとまっている雲。★風騒ぎ叢雲まがふ夕にも忘るるまなく忘られぬ君(風がざわざわと吹き、集まりまとまる雲が乱れる夕暮れにも 忘れる間もなく、忘れることのできないあなたのことよ)「源氏」


【八雲《やくも》】

幾重にも重なっている雲。

空

【天路《あまぢ》】

天上にある道。天上への道。★夕星も通ふあまぢを(宵の明星も通う天上にある道を)「萬葉」


【天《あま》つ空《そら》】

天。空。★ひさかたの天つ空にもすまなくに人はよそにぞ思ふべらなる(空の上に住んでいるわけでもないのに、あの人は私を別世界の人と思っているようだ。)「古今」


【天《あま》の原《はら》】

広々とした大空。★天の原振りさけ見れば春日なる三笠の山に出でし月かも(大空をはるか遠く仰いで見ると月が出ているが、あの月は故郷の春日にある三笠の山に出た月だなあ。)「古今」

【雲居《くもゐ》】

大空。天上。★鳴く声雲居まで聞こゆる、いとめでたし。（（鶴の）鳴く声が天上まで聞こえるのは、まことによい。）［枕草子］

【中空《なかぞら》】

空の中ほど。中天。★中空に立ちゐる雲のあともなく（中天に浮かんでいる雲のように跡形もなく）［伊勢］

太陽

【朝影《あさかげ》】

朝日の光。


【朝《あさ》づく日《ひ》】

朝日の光。


【天伝《あまづた》ふ日《ひ》】

空を伝いゆく太陽。


【天道《てんたう》】

太陽。おてんとうさま。


【日影《ひかげ》】

太陽。日光。★ひかげ、やや傾くころ（太陽がようやく西に傾きかけたころ）［奥の細道］

【夕影《ゆふかげ》】

夕日の光。★春の野に霞たなびきうら悲しこの夕影に鶯鳴くも（春の野に霞がたなびいてもの悲しい。この夕方の光に鶯が鳴いているよ）［萬葉］

【夕《ゆふ》づく日《ひ》】

夕方の日光。夕日。★夕づく日さすや庵の柴の戸に（夕日がさす、閉ざしてある庵の柴の戸に）［新古今］

月

【新《あら》たなる月《つき》】

十五夜の月。★今宵の新たなる月の色には（今晩の八月十五日の月の色には）［源氏］

【有明《ありあけ》】

夜が明けてもまだ空に残っている月。★有明のつれなく見えしわかれより暁ばかり憂きものはなし（明け方の月のように、あなたが薄情に見えたあの別れから、夜明け前ほどつらいものはない）［古今］

【十六夜《いさよひ》の月《つき》】

陰暦十六日の夜の月。日没後、出てくるのをためらうような月。鎌倉時代ごろから「いざよひ」。


【桂《かつら》の影《かげ》】

月光。


【桂男《かつらをとこ》】

月に住むという男。転じて、月。


【立《た》ち待《ま》ちの月《つき》】

陰暦十七日の月。座るまでもなく、立って待っているうちに出る月。


【月影《つきかげ》】

月光。月の姿。★月影ばかりぞ八重葎にもさはらず（月光だけが茂った雑草にも邪魔されず）［源氏］

【月立《つきた》つ】

月がのぼる。★向かひの山につきたてり見ゆ（向こうの山に月がのぼっているのが見える）［萬葉］

【月《つき》の桂《かつら》】

中国の伝説で、月に生えているという桂の木。★ひさかたの月の桂も秋はなほもみぢすればや照りまさるらむ（月の桂も秋にはやはり紅葉するから、秋の月は一段と照り輝いているのだろうか）［古今］

【月夜《つきよ》】

月。月の明るい夜。★十二月のつきよの曇りなくさし出でたるを（十二月の月が曇りなく明るく出ているのを）［源氏］

【月夜見《つくよみ》】

月。★つくよみの光を清み（月の光が清らかなので）［萬葉］

【月夜見壮子《つくよみをとこ》】

月を擬人化していう語。


【更《ふ》け待《ま》ち月《づき》】

陰暦二十日の月。夜が更けるのを待たない

と出ない月。


【臥《ふ》し待《ま》ち月《づき》】

陰暦十九日の月。出るのが遅く、寝て待つ月。


【望月《もちづき》】

満月。★望月のくまなきを、千里の外まで眺めたるよりも（満月のくもりない光を、はるかかなたまで見通すように眺めるよりも）［徒然草］

【弓《ゆみ》張《は》り月《づき》】

上弦または下弦の月。


【居《ゐ》待《ま》ち月《づき》】

陰暦十八日の月。座って待つほど出るのが遅い月。

露・霜

【白露《しらつゆ》】

（白く光って見える）露。★秋近う野はなりにけり白露の置ける草葉も色変はりゆく（秋が近づく（様子に）野原はなってしまった。白露の置いている草の葉も色が変わっていく）［古今］

【露霜《つゆしも》】

露と霜。また、露が凍り霜のようになったもの。★つゆしもにしほたれて、所定めず惑ひ歩き（露や霜でぐっしょり濡れて、あてどなくさまよい歩き）［徒然草］

時

【一期《いちご》】

一生。生涯。★一期つひに終はらせ給ひぬ。（生涯をついにお閉じなさった。）［平家］

【一念《いちねん》】

きわめて短い間。一瞬。★ただいまの一念。（たった今の一瞬）［徒然草］

【古《いにしへ》】

遠い昔。★いにしへ、今の御物語（昔と今の物語を）［源氏］

【往《い》んじ】

過ぎ去った。去る。★いんじ安元三年四月二十八日かとよ。（去る安元三年四月二十八日であったかなあ。）［方丈記］

【しみらに】

一日中。★あかねさす昼はしみらにぬばたまの夜はすがらに（昼は一日中、夜は一晩中）［萬葉］

【すがら】

〜の間中、ずっと。★夜すがら虫の音のみぞ鳴く（夜の間ずっと虫が声を上げて鳴くばかり）［後拾遺］

【月頃《つきごろ》】

何ヶ月もの間。数ヶ月来。★日ごろ、月ごろ、しるき事ありて（何日も、何ヶ月も、目立つ症状があって）［枕草子］

【晦日《つごもり》】

月末。★五月のつごもりに、雪いと白う降れり。（五月の下旬だというのに、雪がとても白く降り積もっている。）［伊勢］

【とこしへ】

永久不変。長く続く。★とこしへにかくしもあらめや（永久にこのような状態であるだろうか、いやない）［萬葉］

【とは】

永遠。久しく変わらない。★風吹けばとはに波越す岩なれや（風が吹くと永遠に波が越す岩だからだろうか）［伊勢］

【とばかり】

ちょっとの間。しばらくの間。★殿におはして、とばかりうち休み給ふ。（御殿にいらして、ちょっとの間お休みになる。）［源氏］

【春秋《はるあき》】

年月。★四十あまりのはるあきを送れる間に（四十年あまりの年月を過ごしている間に）［方丈記］

【日暮《ひぐ》らし】

一日中。★ひぐらし硯に向かひて（一日中、机に向かって）［徒然草］

【日頃《ひごろ》】

何日かの間。数日来。★日ごろ経て、宮に帰り給ふけり。（何日か経って、御殿にお帰りになった。）［伊勢］

【一年《ひととせ》】

一年。また、先年。★ひととせの、春宮の御元服（先年の、春宮の御元服）［源氏］

【一日《ひとひ》】

一日。また、一日中。★日ひとひ、夜ひとよ、とかく遊ぶやうにて（一日中、夜通し、あれやこれやと管弦の遊びをする様子で）［土佐］

【終日《ひねもす》】

朝から晩まで。一日中。★ひねもすに波風

立たず。（一日中波風は立たない。）［土佐］

【終日《ひもすがら》】

朝から晩まで。一日中。★古庭に鶯啼きぬひもすがら（古庭に鶯が鳴いているよ、一日中）［寛保四年歳］

【旧年《ふるとし》】

去年。暮れていく年。★ふるとしに春立ちける日（年内に立春となった日）［古今］

【真日長《まけなが》く】

長い間。★まけながく恋ふる心ゆ秋風に妹が音聞こゆ（長い間恋しく思う私の心だから秋風で妻の気配も感じられる）［萬葉］

星

【明星《あかほし》】

明けの明星。


【織女《たなばたつめ》】

織女星。七夕の夜に天の川を渡り、彦星に逢う。


【彦星《ひこほし》】

牽牛星。七夕の夜に天の川を渡り、織女に逢う。上代は「ひこほし」。


【夕星《ゆふつづ》】

夕方、西の空に見える金星。宵の明星。★夕星も通ふあまぢを（宵の明星も通う天上にある道を）［萬葉］

【夜這ひ星】

流れ星。

夕方・夜

【入《い》り相《あひ》】夕方。★入相の鐘に花ぞ散りける（夕方の鐘の響きの中に桜が散っていることだ）［新古今］

【くらぐら】夕暮れ。★くらぐらに行き着きぬ。（夕暮れ時に到着した。）［宇治拾遺］

【誰《た》そ彼時《かれどき》】夕方、薄暗くなり向こうの人が見えにくくなったころ。江戸以降「たそがれどき」。

【待《ま》つ宵《よひ》】来るあてのない恋人を待つ夜。また、十五夜の月を待つ夜。★まつよひに更けゆく鐘の声きけば飽かぬ別れの鳥はものかは（来るあてのないあの人を待つ夜に（来ないまま）夜更けを告げる鐘の音を聞くと、満足せず別れる朝を告げる鶏の声を聞くつらさなど大したものではない）［新古今］

【夕影《ゆふかげ》】夕日の光。★春の野に霞たなびきうら悲しこの夕影に鶯鳴くも（春の野に霞がたなびいてもの悲しい。この夕方の光に鶯が鳴いているよ）［萬葉］

【夕《ゆふ》さらず】夕方ごとに。毎夕。★ゆふさらず目には見れども（毎夕、目には見るけれども）［萬葉］

【夕《ゆふ》さる】夕方になる。★ゆふされば野辺の秋風身にしみて（夕方になると、野原を吹く秋風が身にしみて）［千載］

【夕《ゆふ》づく日《ひ》】夕方の日光。夕日。★夕づく日さすや庵の柴の戸に（夕日がさす、閉ざしてある庵の柴の戸に）［新古今］

【夕月夜《ゆふづくよ》】月が出ている日暮れ方。★夕月夜心もしのに（月が出ている夕暮れ、心もうちしおれるばかりに）［萬葉］

【夕《ゆふ》べ】夕暮れ時。

【夕《ゆふ》まぐれ】夕方の薄暗いころ。★夕まぐれ荻吹く風の音聞けば（夕方の薄暗い時分に荻に吹く風の音を聞くと）［千載］

【夜《よ》な夜《よ》な】毎晩。★よなよなたいめし給ふ。（毎晩逢引きをなさる。）［源氏］

【夜半】

夜中。★めぐり逢ひて見しやそれとも分かぬ間に雲隠れにし夜半の月影（めぐり逢って、見たのはそれかどうかもわからないうちに、雲に隠れた夜中の月のように帰ってしまったことよ）［新古今］

【宵《よひ》】

晩。日没から夜半ごろ。「夕べ」の次の時間帯。★夏の夜はまだよひながら明けぬるを（夏の夜はまだ夜と思っているうちに明けてしまったが）［古今］

【夜一夜《よひとよ》】

一晩中。★九月ばかり、夜ひとよ降り明かしつる雨の（九月ごろ、一晩中降っていた雨が）［枕草子］

【宵々《よひよひ》】

多くの宵。毎晩。★人知れぬ我が通ひ路の関守は宵々ごとにうちも寝ななむ（人に知られない自分だけの通り道としている、その道の番人は、毎晩ちょっとでも眠ってほしいなあ）［古今］

【夜深《よぶか》し】

まだ暗い早朝だ。深夜だ。★よぶかくうち出でたる声の（まだ暗い早朝に、（ほととぎすの）鳴き出した声の）［枕草子］

【夜《よ》もすがら】

夜通し。一晩中。★夜もすがら物思ふころは明けやらで（一晩中、（つれない人を）思い嘆いているこの頃は夜もなかなか明けないで）［千載］

雪・氷

【薄氷《うすらひ》】

うっすら張った氷。★うすらひのうすき心（うっすら張った氷のように薄情な心）［萬葉］

【垂氷《たるひ》】

つらら。★軒のたるひはとけながら（軒にさがっているつららはとけながら）［源氏］

【氷《ひ》】

氷。ひょう。★地の底とほるばかりのひ降り（地面の底まで通るほどのひょうが降って）［源氏］

【雪《ゆき》もよに】

雪の降る中に。★雪もよにひとり冴えつる片敷きの袖（雪の降る中にただ冷えきって独り寝でした）［源氏］

月のいろいろ

平安時代以降、月は「雪月花」というように風雅なものの代表の一つとされた。観月も行われ、和歌でも月は好まれた題材のひとつである。日本人にとって身近であり、異称も多く存在する。

【有明の月】夜が明けても空に残る月。朝になると女の家に通う男が帰らねばならず、朝の別れの情景に使うことが多い。

【望月】満月。欠けることのないものへのたとえにも使われる。

【十六夜の月】満月の次の夜の月。月の出が遅れ、いざよふ（ためらう）ように見えることから。

人

あなた

【汝《いまし》】（親しみを込め）あなた。上代語。★いましを頼み母に違ひぬ（あなたを頼みにして母と仲違いしてしまった）［萬葉］

【妹《いも》】あなた。男性が、妻・姉妹・恋人など親しい女性をさして呼んだ語。時には、女性が友人など親しい女性を呼ぶのに使う。

【己《うぬ》】きさま。てめえ。相手を罵る語。

【御許《おもと》】（多く女性に対し敬愛を込め）あなた。★おもとは今宵は上にやさぶらひ給ひつる。（あなたは今夜はご主人さまのおそばにお仕えしていらっしゃったか。）［源氏］

【君達《きんだち》】（高貴な家柄の青年に対し）あなた。★きんだちこそ、めざましくもおぼし召さめ（あなたこそ、（私を）失礼な者ともお思いなさるだろうが）［源氏］

【此方《こなた》】あなた。★其の儀ならば、まづこなたからござれ。（そのことなら、まずはあなたからどうぞ。）［餅酒］

【其《し》】おまえ。★愛しくしが語らへば（かわいらしくお前が語るので）［萬葉］

【背《せ》】あなた。女性が、夫・兄弟・恋人など親しい男性をさして呼んだ語。

【汝《な》】おまえ。目下の者、親しい相手に使う。★淡海の海夕波千鳥なが鳴けば（琵琶湖の夕波を飛ぶ千鳥よ、お前が鳴くと）［萬葉］

【汝兄《なせ》】あなた。女性から、親愛の情を込め男性を呼ぶ上代語。★いとごなせの君（親愛なるあなたさま）［萬葉］

【汝妹《なにも》】あなた。男性から、親愛の情を込め女性を呼ぶ上代語。

【汝《なれ》】

おまえ。「なんぢ」とも。親しい者、目下の者などに使う。★なれをしぞあはれとは思ふ（おまえを本当にかわいそうだと思う）［古今］

【主《ぬし》】

あなた。君。軽い敬意を含む。★ぬしの御名はいかにぞや（あなたのお名前はなんというのですか。）［大鏡］

【われ】

おまえ。後に、相手を卑しめて言うのに使う。★われは京の人か。（おまえは都の人か。）［宇治拾遺］

家族

【斎娘《いつきむすめ》】

大切に育てている娘。愛娘。


【妹《いもうと》】

姉妹。姉。妹。（男性から見た姉妹。）


【うから】

血縁のある人。


【兄《え》】

兄。姉。


【弟《おと》】

弟。妹。


【乙子《おとご》】

末っ子。


【祖父《おほぢ》】

祖父。★帝の御おほぢ（天皇のお祖父様）［大鏡］

【祖母《おほば》】

祖母。★我が身父方のおほばの家を伝へて（自分は父方の祖母の家を受け継いで）［方丈記］

【母父《おもちち》】

母と父。両親。


【かぞいろは】

父と母。上代は「かぞいろは」。


【兄《このかみ》】

兄。姉。年長者。★御このかみの右のおと

ど(兄上の右大臣)〔宇津保〕

【兄人《せうと》】兄弟。兄。弟。(女性から見た兄弟。)★女のせうと、にはかに迎へに来たり。(女の兄弟が、急に迎えに来た。)〔伊勢〕

【太郎《たらう》】長男。★この大臣は基経のおとどのたらうなり。(この大臣は、基経大臣の長男だ。)〔大鏡〕

【垂乳根《たらちね》】(枕詞から)母。転じて両親。父。★たらちねの諫めしものを(親が忠告したのに)〔新古今〕

【取《と》り子《こ》】養子。もらってきた子。★とり子の顔にくげなる(もらってきた子の顔のにくらしいの)〔枕草子〕

【後《のち》】子孫。★その人ののちといはれぬ身なりせば(その(有名な歌を詠む)人の子孫だといわれない身だったら)〔枕草子〕

【腹《はら》】その女性から生まれた子。★一の御子は右大臣の女御の御はらにて(第一皇子は右大臣の娘である女御がお生みになった子で)〔源氏〕

【同胞《はらから》】母を同じくする兄弟姉妹。★はらからなる人は言ひ腹立てど、ちごもの親なる人は(兄弟である人は腹立たしげに言い立てるけど、子どもたちの父である人は)〔更級〕

【真子《まこ》】いとしい妻。かわいい子。

【族《やから》】一族。一門。★遂に殺されぬ。そのやからさへに及る。(遂に殺されてしまった。その一族まで被害が及んだ。)〔日本書紀〕

貴人

【一《いち》の人《ひと》】摂政。関白。

【上人《うへびと》】殿上人。昇殿を許された人。★上達部・上人なども、あいなく目をそばめつつ（公卿、殿上人なども、気に入らなくて目をそむけ）［源氏］

【御方《おかた》】奥方。貴人の妻の尊敬語。★おかたは、とみにも見給はず。（奥方は、すぐにはご覧にならない。）［源氏］

【おとど】大臣。女主人。★このおとど、子どもあまたおはせしに（この大臣には、子どもがたくさんいらっしゃったが）［大鏡］

【大君《おほいぎみ》】貴人の長女。第一の姫君。

【大君《おほきみ》】天皇。親王や内親王。★大王は神にしませば（天皇は神にあらせられるので）［萬葉］

【大殿《おほとの》】大臣殿。当主や当主の父。★おほとのの新中将宿直にて（大臣殿（道長）の（子の）新中将が宿直で）［枕草子］

【上達部《かんだちめ》】公卿。上級の役人。★その時のもろもろの上達部・殿上人、消息をやりてけさうしけるに（当時の多くの公卿、昇殿を許された人が手紙を送り求婚したが）［今昔］

【公達《きんだち》】貴公子たち。ご子息方。姫君方。★平家の公達、助け舟に乗らんと（平家の貴公子たちが助け舟に乗ろうと）［平家］

【竹《たけ》の園生《そのふ》】親王。皇族。

【直人《ただびと》】（天皇・皇后、摂関に対して）普通の貴族。★いと悩ましげに読みゐたる尼君、ただびとと見えず。（とても苦しそうに経を読んで座っている尼君は、普通の身分の人に見えない。）［源氏］

【春宮《とうぐう》】皇太子。

【殿《との》ばら】殿様方。身分の高い男性たち、また武士た

ち。★これを見給へ、東国のとのばら。(これを御覧くだされ、東国の武者の方々。)[平家]

【御息所《みやすどころ》】 皇太子妃。親王妃。★二条の后のまだ春宮の御息所と申しける時(二条の后がまだ皇太子妃と申した頃)[伊勢]

【宮腹《みやばら》】 皇女の子として生まれること。

【わかんどほり】 皇族。また、その血をひく人。★わかんどほりの兵部大輔なる女なりけり。(皇室の血をひく兵部大輔の娘である。)[源氏]

恋人・配偶者

【妹背《いもせ》】 夫婦。★あかでわかれし妹背のなからひ(満足することもなく別れた夫婦の関係)[平家]

【北《きた》の方《かた》】 奥方。貴人の妻。★父の大納言は亡くなりて、母きたのかたなむ(父の大納言は亡くなって、母である夫人は)[源氏]

【具《ぐ》】 連れ添う者。供の者。配偶者。★この宮の御ぐにては、いとよきあはひなり。(この宮のお連れ合いとしては、(浮舟は)とてもお似合いの間柄である。)[源氏]

【此《こ》方《ち》の人《ひと》】 (夫を呼ぶ)あなた。★「こちのひと、こちのひと」と呼び起こしければ(「あなた、あなた」と呼んで起こしたところ)[世間胸算用]

【つま】 夫。妻。中古以降は妻の意味になる。★ただ独りい渡らす児は若草のつまかあるらむ(たった一人で川を渡られるあの子は、夫があるのだろうか)[萬葉]

【とまり】 本妻。最後まで連れ添う人。★若きほどの好き心地には、この人をとまりにとも思ひとどめ侍らず。(若い時分の浮気心では、この人を本妻にと決めることもしません。)[源氏]

【汝《な》ね】 私が愛するあなた。女性に使うことが多いが、男性にも使う。★かくばかりなねが恋ふれぞ夢に見えける(これほどまでに、愛するあなた

が私を恋い慕っているから、夢にあなたが見えたのだ）［萬葉］

【寄《よ》る辺《べ》】頼みとする配偶者。★まことのよるべとたのみ聞こえむには（本妻として頼りにするには）［源氏］

【我《わ》妹《ぎも》子《こ》】妻や恋人など親しい女性のこと。★わぎもことふたり（妻とふたり）［萬葉］

仲間・友人

【己《おの》がどち】自分たち同士。★睦ましうさぶらふ限りはおのがどち、思ひ乱る。（親しくお仕えするものは皆、自分たち同士、あれこれ気をもんでいる。）［源氏］

【思《おも》ふどち】気の合う者同士。親しい者同士。★思ふどちかざしにしてな（親しい物同士、（梅の花を）かざしにしようよ）［萬葉］

【方人《かたうど》】味方。★平家のかたうどする者（平家の味方をする者）［平家］

【片方《かたへ》】仲間。同輩。そばにいる人。★ある荒夷の恐ろしげなるが、かたへにあひて（ある荒々しい東国武士で恐ろしそうな男が、そばの人に向かって）［徒然草］

【善《ぜん》知《ち》識《しき》】善き道に導く友人。親友。★願はくは、世々にこの人とぜんちしきとならむ。（どうか未来の世々にわたって、この人と親友になりたい。）［今昔］

【連《つら》】仲間。同類。★初雁は恋しき人のつらなれや（今年初めて見る雁は恋しい人の仲間だろうか）［源氏］

【得《とく》意《い》】親友。親しい間柄。★入道は、かの国の得意にて（入道は、あの国の私の親友で）［源氏］

【輩《ともがら》】仲間。同輩。★舜を学ぶは、舜のともがらなり。（舜のことを学ぶのは、舜の仲間である。）［徒然草］

【族】仲間。同輩。★「きたなしや、返せ返せ」といふやから多かりけれども（「卑怯だ、戻れ戻れ」という仲間が多かったが）［平家］

老若男女

【嫗《おうな》】老女。おばあさん。★妻のおうなに預けて養はす。（妻であるおばあさんに（かぐや姫を）預けて育てさせる。）［竹取］

【翁《おきな》】老人。おじいさん。★馬の頭なるおきな、つかうまつれり。（馬の頭であるおじいさんが、（親王に）お仕え申し上げた。）［伊勢］

【栄え少女《さかをとめ》】美しい盛りの少女。

【専女《たうめ》】老女。★この中に、淡路のたうめといふ人の詠める歌（この人々の中で、淡路の国の老女という人が詠んだ歌）［土佐］

【手弱女《たわやめ》】しなやかで優しい女性。「たをやめ」とも。

【児《ちご》】乳飲み子。幼児。★めづらかなるちごの御かたちなり。（めったにないほど美しい赤ん坊のお顔立ちである。）［源氏］

【古人《ふるひと》】老人。★ふるひとは涙もとどめあへず（老人は涙があふれるのをとどめることもできず）［源氏］

【益荒男《ますらを》】心身ともに強い男子。立派な男子。★天さかるひなも治むるますらをや（地方も治める立派な男子が）［萬葉］

【童《わらは》】 元服前の子ども。★まだわらはなる君など、いとをかしくておはす、（まだ子どもである貴公子など、とてもかわいくていらっしゃる）［枕草子］

私・自分

【己《うぬ》】 おれ。己自身。自分を卑しめて言う語。

【己《おの》が】 私が。私の。★おのがあらむ世の限りは（私が生きている限りは）［源氏］

【此方《こなた》】 私。★こなたの念仏をば留め候ふべし。（私の念仏をやめましょう。）［隅田川］

【其《し》】 己。自分。★老人も女童もしが願ふ心足らひに（老人も女の子も自分が願う心が満足するように）［萬葉］

【汝《な》】 自分。★汝が心からおそやこの君（自分の心から（こんなことになり）愚かだなあ、この人は）［萬葉］

【某《なにがし》】 わたくし。男性が謙遜し改まった気持ちで使う。★その北の方なむ、なにがしが妹に侍る。（その方の奥方は、わたくしの妹でございます。）［源氏］

【妾《わらは》】 わたくし。女性が謙遜し改まった気持ちで使う。★思ひ変へずして育てて、わらはが形見にご覧ぜよ。（愛情を変えないで育てて、私の形見として見守ってください。）［平家］

【われ】 私。自分。★われは討ち死にせんと思ふなり。（私は討ち死にしようと思うのだ。）［平家］

貴族の恋

平安時代の貴族の場合、女性は深窓のご令嬢であり、他人の前に姿を現さないのが通例である。男性に「あふ（会う）」ことはすなわち「夫婦になる」ことを意味した。

つまり男性は結婚前に女性の姿を直接見ることはできない。物の隙間から「垣間見」をして見初め、恋の和歌を詠んで「懸想文」を送り、女性の気を引いて恋の駆け引きを行った。

恋が成就し契りを結んだ翌朝も夜が明ける前に男性は帰り、「後朝」の手紙を送るのがならわしであった。

感嘆

感動詞

【熱々《あたあた》】

熱い、熱い。★ただのたまふ事とては「あたあた」とばかりなり。（（熱病の清盛が）ただおっしゃることとしては「熱い、熱い」とだけだ。）［平家］

【あっぱれ】

ああ、素晴らしい。★あっぱれ馬や（ああ、素晴らしい馬だなあ。）［平家］

【あなかま】

ああ、うるさい。静かに。★あなかまとまねきかくれど（「ああうるさい」と招きかけたけれど）［枕草子］

【あなに】

ああ、本当に。★桜の花のにほひもあなに（桜の花の美しさは、ああ、本当に（素晴らしい））［萬葉］

【あなや】

ああっ。あら。★「あなや」と言ひけれど、神鳴るさはぎにえ聞かざりけり。（「ああっ」と言ったけれど、雷が鳴る騒がしさで聞こえなかった。）［伊勢］

【あはや】

ああ、大変だ。★あはや法皇の流されさせましますぞや。（ああ大変だ、法皇が流されなりなさるのだなあ。）［平家］

【あはれ】

ああ、まったく。★あはれ。いと寒しや。（ああ、まったく。とても寒いなあ。）［源氏］

【いさ】

さあねえ。即答できないときや受け流すときに使う。★「何とかこれをば言ふ」と問へば、とみにも言はず「いさ」など（「何とこれを言うのか」と聞くと、すぐには答えず「さあねえ」などと言って）［枕草子］

【いざ】

さあ。行動を起こすときや誘うときに使う。★いざ給へ、出雲拝みに。（さあ、いらっしゃい。出雲神社の参拝に。）［徒然草］

【いさとよ】

さあ、それは。ためらうときに使う。★いさとよ、さやうの人は三人これにありしが（さあ、それは。そのような人は三人ここにいたが）［平家］

【いで】

さあ。どれ。いやもう。★いで、あな幼や。

（いやもう、まあ子供っぽいことよ。）〔源氏〕

【いでや】

いやどうも。さてさて。さあ。★いでや、さ言ふとも、田舎びたらむ。（いやはや、そうは言っても、（その娘は）田舎風だろう。）〔源氏〕

【いな】

いいえ。いやだ。★いな、さもあらず。（いいえ、そうではありません。）〔竹取〕

【いなや】

いいや。いやいや。相手の言動を強く否定するときに使う。★「いなや、帰らじ」とこそ泣き給へ。（「いいや、帰るまい」とお泣きになる。）〔平家〕

【おいや】

ああ、そうだ。ふと思いついたときに使う。★おいや、聞きし人ななり、と思し出でて（ああそうだ、聞いていた人であるようだ、とお思い出しになって）〔源氏〕

【おうおう】

わあわあ。おいおい。泣き叫んだり騒いだりするとき使う。★「往生すべき相ある者の足斬られては、いかでか見んや。おうおう」とをめきければ（「極楽往生するはずの人相を持つ者の足が斬られては、どうして見過ごせよう。わあわあ」とわめいたので）〔宇治拾遺〕

【此《こ》ちや】

こちらに来なさい。★「こちや」と言へば、つい居たり。（「こちらへおいで」と言うと、（若紫は）かしこまり座った。）〔源氏〕

【此《こ》は如何《いか》に】

これはまあ、どうしたことか。★かき抱きて出で給へば、大輔・少納言などは「こはいかに」と聞こゆ。（（若紫を）抱いて出られるので、大輔や少納言などは「これはまあ、どうしたことですか」と申し上げる。）〔源氏〕

【然《さ》かし】

なるほどそうだ。★「さかし、されども」と、をかしく思せど（「そうだね、そうだけれども」と（光の君は）おかしくお思いになるが）〔源氏〕

【さても】

それにしても、まあ。★さても、いとうつくしかりける児かな。（それにしても、まあ、とてもかわいい子供だったことか。）〔源氏〕

【さはれ】

ええ、ままよ。どうとでもなれ。★さはれ、このついでにも死なばや（どうとでもなれ、この機会にでも死にたい）〔源氏〕

【しゑや】

えい、ままよ。★憎からぬ君にはしゑや寄さゆともよし（心惹かれるあなたのことなら、えいままよ、噂されてもいい）［萬葉］

【すはや】

ああっ。驚いたとき発する語。★すはや、宮こそ南都に落ちさせ給ふなれ。（ああっ、宮は南都へ逃げのびなさるそうだ。）［平家］

【なう】

もしもし。★なう、その衣はこなたのにて候ふ。（もしもし、その羽衣は私のものでございます。）［羽衣］

【よしや】

まあいい。ままよ。★よしや、命だに。（まあいい、命さえあれば。）［源氏］

文末表現

【かな】

～だなあ。文末で感動を表す。★限りなく遠くも来にけるかな。（この上もなく、遠くまでも来てしまったなあ。）［伊勢］

【がな】

～がいるといいなあ、★あっぱれ、よからう敵がな。（ああ、よさそうな敵がいるといいなあ。）［平家］

【かも】

～だなあ。文末で感動を表す。★三笠の山に出でし月かも（三笠の山に出た月であることよ）［古今］

【けり】

～だなあ。気づかずにいたことに気づく詠嘆。★年のうちに春は来にけり（まだ年が明けないうちに春は来たのだなあ）［古今］

【しがな】

～したいものだ。★かぐや姫を得てしがな見てしがな（かぐや姫を自分のものにしたいものだ、結婚したいものだなあ）［竹取］

【とかや】

～とかいうことである。★火元は樋口富小路とかや。（火元は樋口富小路とかいうことである。）［方丈記］

【なむ】

～してほしい。他に対する願望。★いつしか梅咲かなむ（早く梅が咲いてほしい）［更級］

【ばや】

できたら～したいなあ。自己の願望を示す。★世の中に物語といふもののあんなるを、

いかで見にやと思ひつつ（世の中に物語というものがあるということだが、それを何とかして見たいなあと思い続けて）［更級］

【もがも】

～であったらいいなあ。★み空ゆく雲にもがも（空を行く雲であったらいいなあ）［萬葉］

【ものかな】

～ものだなあ。★嬉しくものたまふものかな。（嬉しいことをおっしゃるものだなあ）［竹取］

【もよ】

ねえ。ああ……よ。上代、強い感動を表す。★籠もよみ籠もち（籠よ、美しい籠を持ち）［萬葉］

【わいの】

～よねえ。～よ。感動を込め念を押す語。室町時代末期以降の語。★ほんに目元が似たわいの（本当に目元が似たよねえ）［冥途飛脚］

【を】

～なあ。～なのになあ。★つひに行く道とはかねて聞きしかど昨日今日とは思はざりしを（誰でも最後に行く（死という）道とはかねがね聞いていたけれど、まさか昨日今日のこととは思わなかったなあ）［古今］

付録

主な枕詞一覧

▽上段は主な枕詞、……以降はその枕詞が導く主な語である。

茜《あかね》さす……君・日・昼・紫
朝霞《あさがすみ》……春日《はるひ》・ほのか・八重《やへ》
朝露の……命・置く・消《け》
あしひきの…山
梓弓《あづさゆみ》……いる（入る・射る）・音・すゑ・はる（春・張る）
天伝《あまづた》ふ……入り日・日
あらたまの…月・年・春・日
青丹《あをに》よし……奈良

うつせみの…命・人・身・世
うばたまの…黒・闇・夢・夜
唐衣《からころも》……かへす・着る・裾・袖・裁つ
草枕……旅・ゆふ・露・結ぶ
葛の葉の……うら・恨み
呉竹《くれたけ》の……節・世・代・夜
しきたへの…衣・袖・手枕・袂《たもと》・床《とこ》・枕

白雲の……かかる・立つ・絶ゆ
白波の……かへる・よる（夜・寄る）
白たへの……帯・雲・衣・袖・袂《たもと》・波・
　雪
そらみつ……大和《やまと》
高砂《たかさご》の……松・待つ
高照らす……日
魂《たま》きはる……命・内・幾世
玉の緒の……絶ゆ・長し・短し・思
　ひ乱る
垂乳根《たらちね》の……母・親

千早振る……宇治・神
露霜の……置く・消《け》・秋
飛ぶ鳥の……明日香（飛鳥《あすか》）
ぬばたまの……妹・黒・髪・夢・今宵・
　闇・夕・夜
春霞《はるがすみ》……春日《かすが》・立つ
久方の……天《あま》・天《あめ》・雨・雲
真澄鏡《まそかがみ》……掛く・影・清し・照る
水茎《みづくき》の……あと・流れ
水鳥の……立つ
八雲立つ……出雲《いづも》

十二か月の異名

一月の異名

【暮新月《くれしづき》】
十二月の「暮古月《くれこづき》」に対していう。

【建寅月《けんいんげつ》】
十二支を十二ヶ月にあてたもので、一月にあたる月。

【献春《けんしゅん》】
春の初めの月。▽「献」は前に押し出すさまをいう。

【早緑月《さみどりづき》】
次第に緑が木や草に添えられることから。

【首歳《しゅさい》】
年頭。年のはじめ。

【大簇《たいそう》】
中国の音楽の十二律を十二ヶ月にあてたもので、一月にあたる月。太簇。

【太郎月《たろうづき》】
一年の最初の月。

【端月《たんげつ》】
中国で、「正月」の「正」が秦の始皇帝の諱《いみな》「政」と同音なのをはばかり、「端」といったことから。

【年甫《ねんぽ》】
年のはじめ。正月。

【睦月《むつき》】
互いに往来して睦まじくする月。「むつびつき」の略。

【孟春《もうしゅん》】
春の初めの月。▽「孟」は初めの意。

そのほかの表現
王春《おうしゅん》・霞初月《かすみそめづき》・元月《げんげつ》・陬月《すうげつ》・青陽《せいよう》・年端月《としはづき》・子日月《ねのひづき》・初空月《はつそらづき》・初春月《はつはるづき》・初見月《はつみづき》

二月の異名

【小草生月《おぐさおいづき》】
小さい草が生えはじめる月。

【如月】
「衣更着」の意。寒いので更に上着を着る月。また、「生更ぎ」の意で、草木の更生する(よみがえる)月とも。

【夾鐘《きょうしょう》】
中国の音楽の十二律を十二ヶ月にあてたもので、二月にあたる月。

【建卯月《けんぼうげつ》】
十二支を十二ヶ月にあてたもので、二月にあたる月。

【木の芽月《このめづき》】
木の芽の出る月。

【仲春《ちゅうしゅん》】
春の真ん中の月。▽「仲」は、季節の真ん中の意。

【仲《なか》の春《はる》】
「仲春《ちゅうしゅん》」の訓読み。

【令月《れいげつ》】
何をするにも良い月。

そのほかの表現
梅津月《うめつつき》・梅見月《うめみづき》・花朝《かちょう》・恵風《けいふう》・仲陽《ちゅうよう》・美景《びけい》・雪消月《ゆきぎえづき》

三月の異名

【季春《きしゅん》】
春の末の月。▽「季」は末の意。

【禊月《けいげつ》】
三月三日に禊《みそぎ》を行う月。

【建辰月《けんしんげつ》】
十二支を十二ヶ月にあてたもので、三月にあたる月。

【姑洗《こせん》】
中国の音楽の十二律を十二ヶ月にあてたもので、三月にあたる月。

【桜月《さくらづき》】
桜の咲く月。

【竹秋《ちくしゅう》】
竹の落葉期にあたる月。

【暮春《ぼしゅん》】
春の終わりの月。

【弥生《やよい》】
「弥生《いやおい》」の転。草木がいよいよ生い茂る月。

そのほかの表現
嘉月《かげつ》・早花咲月《さはなさづき》・花つ月《はなづき》・花見月《はなみづき》・春惜月《はるおしみづき》・桃月《ももづき》・夢見月《ゆめみづき》

四月の異名

【卯月《うづき》】

「卯の花月」あるいは「卯木月《うつぎづき》」の略で、卯木(卯の花)が咲く月。また、十二支の卯の月とも。


【建巳月《けんしげつ》】

十二支を十二ヶ月にあてたもので、四月にあたる月。


【木葉採月《このはとりづき》】

養蚕期で、桑の葉を取る月。


【正陽《せいよう》】

陽気(万物が生まれ出ようとする気)が満ち、まだ陰気(万物が衰え消滅しようとする気)の兆さない月。


【清和《せいわ》】

空が晴れて、清らかでおだやかな気候の月。


【仲呂《ちゅうりょ》】

中国の音楽の十二律を十二ヶ月にあてたもので、四月にあたる月。中呂。


【夏初月《なつはづき》】

夏の初めの月。夏端月。


【麦秋《ばくしゅう》】

熟した麦を取り入れる月。


【乏月《ぼうげつ》】

米はなくなり麦を取り入れる前で、食物が欠乏しがちな月。


【孟夏《もうか》】

夏の初めの月。▽「孟」は初めの意。

そのほかの表現
鳥来月《とりくづき》・花残月《はなのこりづき》・余月《よげつ》

五月の異名

【建午月《けんごげつ》】

十二支を十二ヶ月にあてたもので、五月にあたる月。


【皐月《さつき》】

「早苗月」の略で、早苗を植える月。

【五月雨月《さみだれづき》】
五月雨が降る月。梅雨時。

【蕤賓《すいひん》】
中国の音楽の十二律を十二ヶ月にあてたもので、五月にあたる月。

【仲夏《ちゅうか》】
夏の真ん中の月。▽「仲」は、季節の真ん中の意。

【月不見月《つきみずづき》】
五月雨のために、雲に隠れて月が見えない月。

そのほかの表現

五色月《いついろづき》・梅色月《うめのいろづき》・薫風《くんぷう》・さくも月《づき》・早苗月《さなえづき》・暑月《しょげつ》・星火《せいか》・田草月《たくさづき》・橘月《たちばなづき》

六月の異名

【青水無月《あおみなづき》】
青葉の繁る水無月。

【季夏《きか》】
夏の末の月。▽「季」は末の意。

【建未月《けんびげつ》】
十二支を十二ヶ月にあてたもので、六月にあたる月。

【蟬羽月《せみのはづき》】
薄い着物を着はじめる月。

【夏越《なごし》の月《つき》】
夏越の祓《はらい》の行われる月。

【鳴神月《なるかみづき》】
雷鳴が多い月。

【水無月《みなづき》】
「な」は格助詞「の」で、水の月の意。田に水を引く月。

【林鐘《りんしょう》】
中国の音楽の十二律を十二ヶ月にあてたもので、六月にあたる月。

そのほかの表現

葵月《あおいづき》・風待月《かぜまちづき》・季月《きげつ》・且月《しょげつ》・涼暮月《すずくれづき》・松風月《まつかぜづき》

七月の異名

【夷則《いそく》】
中国の音楽の十二律を十二ヶ月にあてたもので、七月にあたる月。

【女郎花月《おみなえしづき》】
女郎花の咲く月。

【親月《おやづき》】
親の墓に詣でる月。盂蘭盆会の行われる月。

【建申月《けんしんげつ》】
十二支を十二ヶ月にあてたもので、七月にあたる月。

【七夜月《ななよづき》】
七夕のある月。

【文月《ふみづき》】
「含月《ふふみづき》」の意で、稲の穂の含《ふふ》む(ふくらんで、まだ開かないでいる)月。また、七夕に詩歌の文を供える月とも。

【文披月《ふみひろげづき》】
書をひろげてさらす月。

【愛逢月《めであいづき》】
織女星と牽牛星が互いに愛して逢う月。

【孟秋《もうしゅう》】
秋の初めの月。▽「孟」は初めの意。

【蘭月《らんげつ》】
蘭の咲く月。

そのほかの表現
秋初月《あきはづき》・桐月《きりづき》・相月《そうげつ》・七夕月《たなばたづき》・涼月《りょうげつ》

八月の異名

【桂月《けいげつ》】
桂花(木犀)の咲く月。

【建酉月《けんゆうげつ》】
十二支を十二ヶ月にあてたもので、八月にあたる月。

【梢《こずえ》の秋《あき》】
梢の「すえ」に、秋の末の「すえ」をかけていう。

【濃染月《こぞめづき》】
樹木の紅葉する月。木染月。

【竹春《ちくしゅん》】

竹の新葉が盛りの月。

【仲秋《ちゅうしゅう》】
秋の真ん中の月。▽「仲」は、季節の真ん中の意。

【南呂《なんりょ》】
中国の音楽の十二律を十二ヶ月にあてたもので、八月にあたる月。

【葉《は》月《づき》】
「穂張《ほはり》月」のことで、稲の穂を張る月。また、「葉落月」の略で、葉が落ちる月とも。

そのほかの表現
秋風月《あきかぜづき》・迎寒《げいかん》・壮月《そうげつ》・素月《そげつ》・其色月《そのいろづき》・月見月《つきみづき》・燕去月《つばめさりづき》

九月の異名

【色取月《いろどりづき》】
木の葉が色づく月。

【菊月《きくづき》】
菊の花の咲く月。

【菊見月《きくみづき》】
菊の花を観賞する月。

【季秋《きしゅう》】
秋の末の月。▽「季」は末の意。

【建戌月《けんじゅつげつ》】
十二支を十二ヶ月にあてたもので、九月にあたる月。

【長月《ながつき》】
「夜長月」の略で、夜が長い月。また、「稲刈月」の略で、稲を刈る月とも。

【寝覚月《ねざめづき》】
夜が長いので寝覚めがちな月。

【杪秋《びょうしゅう》】
秋の終わりの月。▽「杪」は、季節の末の意。

【無射《ぶえき》】
中国の音楽の十二律を十二ヶ月にあてたもので、九月にあたる月。

そのほかの表現
菊開月《きくさきづき》・玄月《げんげつ》・粛霜《しゅくそう》・紅葉《もみじ》月《づき》・夜長月《よながづき》

十月の異名

【応鐘《おうしょう》】

中国の音楽の十二律を十二ヶ月にあてたもので、十月にあたる月。


【神去月《かみさりづき》】

八百万の神々が出雲大社に集まり、他の地からいなくなる月。


【神無月《かんなづき》】

「な」は格助詞の「の」で、神の月の意。また、八百万の神々が出雲大社に集まり、他の地にはいない月とも。


【建亥月《けんがいげつ》】

十二支を十二ヶ月にあてたもので、十月にあたる月。


【小春《こはる》】

暖かで春のような日和が続く月。


【時雨月《しぐれづき》】

時雨の多く降る月。


【孟冬《もうとう》】

冬の初めの月。▽「孟」は初めの意。


【陽月《ようげつ》】

陰が極まって陽が生じる月。

そのほかの表現

雷無月《かみなしづき》・醸成月《かみなしづき》・坤月《こんげつ》・初霜月《はつしもづき》・良月《りょうげつ》

十一月の異名

【神楽月《かぐらづき》】

神楽が行われる月。


【神帰月《かみかえりづき》】

陰暦十月に出雲大社に集まった神々が、それぞれの国に帰る月。


【建子月《けんしげつ》】

十二支を十二ヶ月にあてたもので、十一月にあたる月。十一月に北斗七星の取っ手の先が真北を向くため、この月を十二支のはじめにあてた。


【黄鐘《こうしょう》】

中国の音楽の十二律を十二ヶ月にあてたもので、十一月にあたる月。

【霜月《しもづき》】
「霜降月」の略で、霜の降りることが多くなる月。

【仲冬《ちゅうとう》】
冬の真ん中の月。▽「仲」は、季節の真ん中の意。

そのほかの表現
一陽来復《いちようらいふく》・辜月《こげつ》・暢月《ちょうげつ》・子月《ねづき》・風寒《ふうかん》・雪待月《ゆきまちづき》・雪見月《ゆきみづき》

十二月の異名

【梅初月《うめはつづき》】
梅が咲き始める月。

【限り月《かぎりづき》】
一年の終わりの月。

【季冬《きとう》】
冬の末の月。▽「季」は末の意。

【暮古月《くれこづき》】
一月の「暮新月《くれしづき》」に対していう。

【建丑月《けんちゅうげつ》】
十二支を十二ヶ月にあてたもので、十二月にあたる月。

【師走《しわす》】
「師馳」の意で、師である僧が経をあげるために東西を馳せ走る月。また、「四極《しはつ》」の意で、四季が果てる月とも。

【大呂《たいりょ》】
中国の音楽の十二律を十二ヶ月にあてたもので、十二月にあたる月。

【杪冬《びょうとう》】
冬の末の月。▽「杪」は末の意。

【臘月《ろうげつ》】
臘祭《ろうさい》(大晦日)のある月。

そのほかの表現
弟月《おとづき》・親子月《おやこづき》・除月《じょげつ》・年積《としつみ》月《づき》・果《は》ての月《つき》・春待月《はるまちづき》・三冬《みふゆ》月《づき》

「常用漢字表」新字⇩旧字　変換一覧表

◆「常用漢字表」に掲載されている漢字で、旧字体が示されるものの一覧表。
◆「常用漢字表」の音訓欄の一番目に示される音訓の五十音順に配列。
◆新字体（常用漢字体）の下に旧字体（康熙字典体）を表示。
※旧字体は、漢和辞典によっては本一覧表以外にも表示されることがある。
※新字体と旧字体の対応は、漢和辞典によっては異なることがある。
◆一部の旧字体は、パソコンでは表示できないものもある。

ア　亜＞亞
アク　悪＞惡
アツ　圧＞壓
イ　囲＞圍　医＞醫　為＞爲
イチ　壱＞壹
イツ　逸＞逸
イン　隠＞隱
エイ　栄＞榮　営＞營　衛＞衞
エキ　駅＞驛
エツ　謁＞謁
エン　円＞圓　塩＞鹽　縁＞緣　艶＞艷
オウ　応＞應　欧＞歐　殴＞毆　桜＞櫻　奥＞奧　横＞橫
オン　温＞溫　穏＞穩
カ　仮＞假　価＞價　禍＞禍
ガ　画＞畫
カイ　会＞會　悔＞悔　海＞海　絵＞繪　壊＞壞　懐＞懷
ガイ　慨＞慨　概＞槪
カク　拡＞擴　殻＞殼　覚＞覺
ガク　学＞學　岳＞嶽　楽＞樂
カツ　喝＞喝　渇＞渴　褐＞褐

読み	新字	旧字
カン	缶	罐
	巻	卷
	陥	陷
	勧	勸
	寛	寬
	漢	漢
	関	關
	歓	歡
	観	觀
キ	気	氣
	祈	祈
	既	既
	帰	歸
	亀	龜
	器	器
ギ	偽	僞
	戯	戲
	犠	犧
キュウ	旧	舊
キョ	拠	據
	挙	擧
	虚	虛
キョウ	峡	峽
	挟	挾
	狭	狹
	郷	鄕
	響	響
ギョウ	暁	曉
キン	勤	勤
	謹	謹
ク	区	區
	駆	驅
クン	勲	勳
	薫	薰
ケイ	径	徑
	茎	莖
	恵	惠
	掲	揭
	渓	溪
	経	經
	蛍	螢
	軽	輕
	継	繼
	鶏	鷄
ゲイ	芸	藝
ゲキ	撃	擊
ケツ	欠	缺
ケン	研	硏
	県	縣
	倹	儉
	剣	劍
	険	險
	圏	圈
	検	檢
	献	獻
	権	權
	顕	顯
	験	驗
ゲン	厳	嚴
コウ	広	廣
	効	效
	恒	恆
	黄	黃
	鉱	鑛
ゴウ	号	號

国《コク》＞國　黒＞黑　穀＞穀　砕《サイ》＞碎　済＞濟　斎＞齋　剤《ザイ》＞劑　殺《サツ》＞殺　雑《ザツ》＞雜　参《サン》＞參　桟＞棧　蚕＞蠶　惨＞慘

賛＞贊　残《ザン》＞殘　糸《シ》＞絲　祉＞祉　視＞視　歯＞齒　児《ジ》＞兒　辞＞辭　湿《シツ》＞濕　実《ジツ》＞實　写《シャ》＞寫　社＞社　者＞者

煮＞煮　釈《シャク》＞釋　寿《ジュ》＞壽　収《シュウ》＞收　臭＞臭　従《ジュウ》＞從　渋＞澁　獣＞獸　縦＞縱　祝《シュク》＞祝　粛＞肅　処《ショ》＞處　暑＞暑

署＞署　緒＞緖　諸＞諸　叙《ジョ》＞敍　将《ショウ》＞將　祥＞祥　称＞稱　渉＞涉　焼＞燒　証＞證　奨＞奬　条《ジョウ》＞條　状＞狀

乗＞乘　浄＞淨　剰＞剩　畳＞疊　縄＞繩　壌＞壤　嬢＞孃　譲＞讓　醸＞釀　触《ショク》＞觸　嘱＞囑　神《シン》＞神　真＞眞

寝→寢
慎→愼
ジン 尽→盡
ズ 図→圖
スイ 粋→粹
酔→醉
穂→穗
ズイ 随→隨
髄→髓
スウ 枢→樞
数→數
せ 瀬→瀨
セイ 声→聲

斉→齊
静→靜
セツ 窃→竊
摂→攝
節→節
セン 専→專
浅→淺
戦→戰
践→踐
銭→錢
潜→潛
繊→纖
ゼン 禅→禪

ソ 祖→祖
ソウ 双→雙
壮→壯
争→爭
荘→莊
捜→搜
挿→插
巣→巢
曽→曾
痩→瘦
装→裝
僧→僧
層→層

総→總
騒→騷
ゾウ 増→增
憎→憎
蔵→藏
贈→贈
臓→臟
ソク 即→卽
ゾク 属→屬
続→續
ダ 堕→墮
タイ 対→對
体→體

帯→帶
滞→滯
ダイ 台→臺
たき 滝→瀧
タク 択→擇
沢→澤
タン 担→擔
単→單
胆→膽
嘆→嘆
ダン 団→團
断→斷
弾→彈

チ	遅	遲
	痴	癡
チュウ	虫	蟲
	昼	晝
	鋳	鑄
チョ	著	著
チョウ	庁	廳
	徴	徵
	聴	聽
	懲	懲
チョク	勅	敕
チン	鎮	鎭
つか	塚	塚
テイ	逓	遞
テツ	鉄	鐵
テン	点	點
	転	轉
デン	伝	傳
ト	都	都
トウ	灯	燈
	当	當
	党	黨
	盗	盜
	稲	稻
	闘	鬭
トク	徳	德
ドク	独	獨
	読	讀
トツ	突	突
とどける	届	屆
ナン	難	難
ニ	弐	貳
ノウ	悩	惱
	脳	腦
ハ	覇	霸
ハイ	拝	拜
	廃	廢
バイ	売	賣
	梅	梅
バク	麦	麥
ハツ	発	發
	髪	髮
バツ	抜	拔
ハン	繁	繁
バン	晩	晚
	蛮	蠻
ヒ	卑	卑
	秘	祕
	碑	碑
ヒン	浜	濱
	賓	賓
	頻	頻
ビン	敏	敏
	瓶	甁
ブ	侮	侮
フク	福	福
フツ	払	拂
ブツ	仏	佛
ヘイ	併	倂
	並	竝
	塀	塀
	餅	餠
ヘン	辺	邊
	変	變
ベン	弁	辨

- 弁→瓣
- 弁→辯
- 勉→勉
- ホ　歩→步
- ホウ　宝→寶
- 豊→豐
- 褒→襃
- ボク　墨→墨
- ホン　翻→飜
- マイ　毎→每
- マン　万→萬
- 満→滿
- メン　免→免

- 麺→麵
- モク　黙→默
- や　弥→彌
- ヤク　訳→譯
- 薬→藥
- ヨ　与→與
- 予→豫
- 余→餘
- 誉→譽
- ヨウ　揺→搖
- 様→樣
- 謡→謠
- ライ　来→來

- 頼→賴
- ラン　乱→亂
- 覧→覽
- 欄→欄
- リュウ　竜→龍
- 隆→隆
- リョ　虜→虜
- リョウ　両→兩
- 猟→獵
- リョク　緑→綠
- ルイ　涙→淚
- 塁→壘
- 類→類

- レイ　礼→禮
- 励→勵
- 戻→戾
- 霊→靈
- 齢→齡
- レキ　暦→曆
- 歴→歷
- レン　恋→戀
- 練→練
- 錬→鍊
- ロ　炉→爐
- ロウ　労→勞
- 郎→郞

- 朗→朗
- 廊→廊
- 楼→樓
- ロク　録→錄
- ワン　湾→灣

主な歴史的仮名遣いと読み方一覧

▽上段は読み方、中段は歴史的仮名遣い、下段は語例

発音	かな	語例
イ	ひ	こひし（恋し）
	ゐ	ゐる（居る）
ウ	ふ	あふ（会ふ）
エ	へ	うへ（上）
	ゑ	ゑむ（笑む）
オ	ほ	おほし（多し）
	を	をとめ（少女）
カ	くゎ	くゎんず（観ず）
ガ	ぐゎ	ほんぐゎん（本願）
ジ	ぢ	ぢごく（地獄）
ズ	づ	はづ（恥づ）
ワ	は	よは（夜半）
オー	あう	あうう（奥羽）
	あふ	あふぎ（扇）
	わう	わうらい（往来）
コー	かう	かうい（更衣）
	かふ	かふ（買ふ）
	くゎう	くゎういん（光陰）
	こふ	こふ（恋ふ・乞ふ）

ゴー	がう	がうりき（強力）
	がふ	まがふ（紛ふ）
ソー	さう	けさう（懸想）
ゾー	ざう	ざうし（曹司）
	ざふ	ざふごん（雑言）
トー	たう	たうじ（当時）
	たふ	たふとぶ（尊ぶ）
ドー	だう	みだう（御堂）
ノー	なう	ぼんなう（煩悩）
	なふ	まじなふ（呪なふ）
	なほ	なほし（直衣）
	のふ	きのふ（昨日）
	わう	しんわう（親王）

ホー	はう	はう（袍）
	はふ	はふ（法）
	ほふ	ほふし（法師）
	ほほ	ほほ（頬）
ボー	ばう	ばうず（坊主）
	ぼふ	ちりぼふ（散りぼふ）
ポー	ぱう	はっぱう（八方）
	ぱふ	りっぱふ（立法）
	ぽふ	せっぽふ（説法）
モー	まう	まうす（申す）
ユー	いう	いうげん（幽玄）
	いふ	いふ（言ふ）
	ゆふ	ゆふぐれ（夕暮れ）

ヨー	やう	やうす（様子）
	えう	えうなし（要なし）
	えふ	まんえふしふ（萬葉集）
	ゑふ	ゑふ（酔ふ）
ロー	らう	らうたし
	らふ	げらふ（下臈）
	ろふ	かげろふ（陽炎・蜻蛉）
キュー	きう	きうしゅ（旧主）
	きふ	きふ（急）
ギュー	ぎう	ぎう（牛）
キョー	けう	けうやう（孝養）
	けふ	けふ（今日）
ギョー	ぎゃう	ぎゃうじゃ（行者）

	げう	ふつげう（払暁）
	げふ	げふ（業）
シュー	しう	しうと（舅・姑）
	しふ	しふねし（執念し）
ジュー	じう	じうなん（柔軟）
	じふ	じふにし（十二支）
	ぢゅう	ぢゅうじ（住持）
ショー	しゃう	がくしゃう（学生）
	せう	せうしゃう（少将）
	せふ	かうせふ（交渉）
ジョー	じゃう	じゃうらん（上覧）
	ぢゃう	ぢゃうぶ（丈夫）
	ぜう	ぜうらん（擾乱）

	でう	さんでう(三条)
	でふ	いちでふ(一帖)
チュー	ちう	ちうや(昼夜)
チョー	ちゃう	ちゃうず(長ず)
	てう	てうず(手水)
	てふ	てふ(蝶)
ニュー	にう	にうわ(柔和)
	にふ	にふだう(入道)
ニョー	ねう	ねう(尿)
ヒュー	ひう	ひうが(日向)
ヒョー	ひゃう	ひゃうゑ(兵衛)
	へう	へうたん(瓢箪)
ビョー	びゃう	びゃうぶ(屏風)
	べう	べう(廟)
ミョー	みゃう	みゃうぶ(命婦)
	めう	めうおん(妙音)
リュー	りう	せんりう(川柳)
	りふ	りふぐゎん(立願)
リョー	りゃう	りゃう(両)
	れう	れう(寮)
	れふ	れふ(猟)

用例出典略称一覧

▽本文中に挙げた用例の出典を、五十音順で掲出した。

[石山寺縁起] 石山寺縁起絵巻
[伊勢] 伊勢物語
[右京大夫集] 建礼門院右京大夫集
[雨月] 雨月物語
[宇治拾遺] 宇治拾遺物語
[宇津保] 宇津保物語
[栄花] 栄花物語
[大磯虎] 大磯虎稚物語（浄瑠璃）
[大鏡] 大鏡
[奥の細道] 奥の細道
[落窪] 落窪物語
[蜻蛉] 蜻蛉日記
[寛保四年歳] 寛保四年宇都宮歳旦帳
[義経記] 義経記
[愚管抄] 愚管抄
[源氏] 源氏物語
[恋重荷] 恋重荷（能楽）
[好色一代女] 好色一代女
[好色一代男] 好色一代男
[古今] 古今和歌集
[古今著聞集] 古今著聞集
[古事記] 古事記
[後拾遺] 後拾遺和歌集
[後撰] 後撰和歌集
[今昔] 今昔物語集
[狭衣] 狭衣物語
[更級] 更級日記
[猿蓑] 猿蓑
[山家] 山家集
[詞花] 詞花和歌集
[十訓抄] 十訓抄
[沙石集] 沙石集
[拾遺] 拾遺和歌集
[新古今] 新古今和歌集

〔隅田川〕隅田川（能楽）
〔世間胸算用〕世間胸算用
〔千載〕千載和歌集
〔太平記〕太平記
〔竹取〕竹取物語
〔玉勝間〕玉勝間
〔椿説弓張月〕椿説弓張月
〔堤中納言〕堤中納言物語
〔徒然草〕徒然草
〔土佐〕土佐日記
〔俊頼髄脳〕俊頼髄脳
〔仁勢〕仁勢物語
〔日本書紀〕日本書紀

〔羽衣〕羽衣（能楽）
〔浜松中納言〕浜松中納言物語
〔風俗文選〕風俗文選
〔平家〕平家物語
〔保元〕保元物語
〔方丈記〕方丈記
〔枕草子〕枕草子
〔増鏡〕増鏡
〔萬葉〕萬葉集
〔紫式部〕紫式部日記
〔冥途飛脚〕冥途の飛脚（浄瑠璃）
〔餅酒〕餅酒（狂言）
〔大和物語〕大和物語

〔夜の寝覚〕夜の寝覚

五十音順　ことば選び索引

＊は付録（「十二か月の異名」は現代仮名遣）

あ

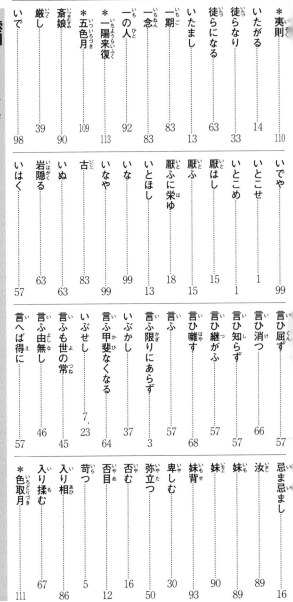

て

と

な

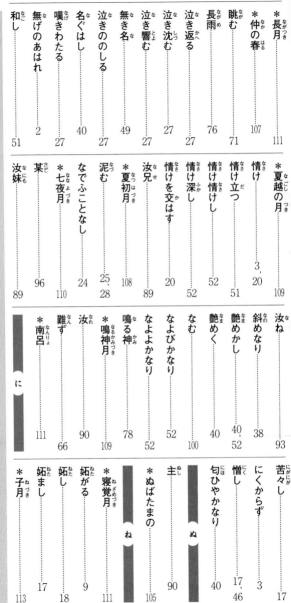

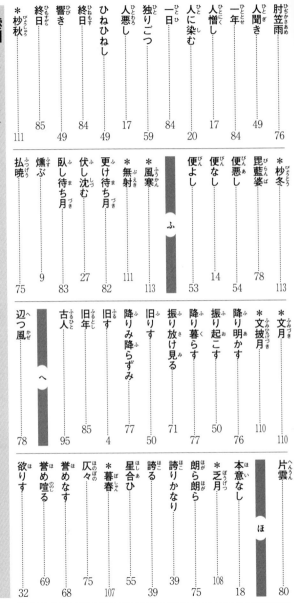

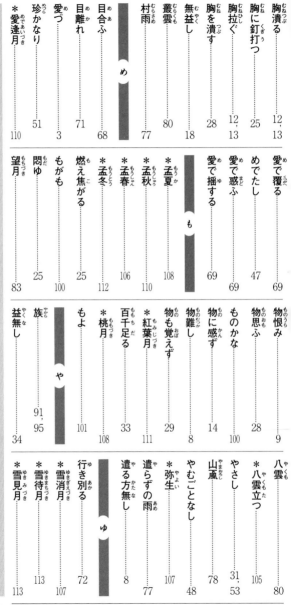

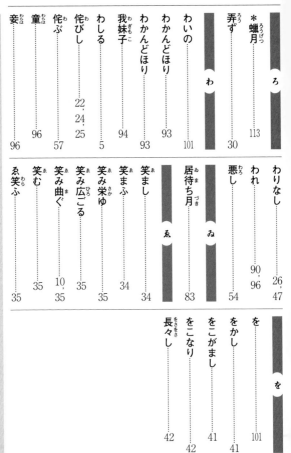

7B01

古典ことば選び辞典
三日月宗近の巻

2023年7月25日　第1刷発行
2024年8月15日　第3刷発行

発行人　土屋　徹
編集人　代田　雪絵
企画編集　田沢　あかね

発行所　株式会社Gakken
〒141-8416　東京都品川区西五反田2-11-8
印刷所　株式会社広済堂ネクスト
製本所　株式会社難波製本

●この本に関する各種お問い合わせ先
本の内容については、下記サイトのお問い合わせフォームよりお願いします。
https://www.corp-gakken.co.jp/contact/
●在庫については　Tel 03-6431-1199（販売部）
●不良品（落丁、乱丁）については　Tel 0570-000577
学研業務センター
〒354-0045 埼玉県入間郡三芳町上富279-1
●上記以外のお問い合わせは
Tel 0570-056-710（学研グループ総合案内）